गणित में पाएँ 100/100

डी.डी. शर्मा

ज्ञान गंगा, दिल्ली

प्रकाशक : ज्ञान गंगा, 2/42 अंसारी रोड, दरियागंज, नई दिल्ली–110002
सर्वाधिकार : सुरक्षित / संस्करण : 2023 / मूल्य : दो सौ पचास रुपए
मुद्रक : नरुला प्रिंटर्स, दिल्ली ISBN 978-93-80183-47-3

GANIT MEIN PAYEN 100/100 *by* D.D. Sharma ₹ 250.00
Published by Gyan Ganga, 2/42 Ansari Road, Daryaganj, New Delhi-2

मेरे पूज्य पिता

स्वर्गीय श्री सुखराम शर्मा

को सादर समर्पित

प्रस्तावना

प्रिय विद्यार्थियो!

क्यों कुछ लोग गणित पढ़ने में पूर्ण आनंद अनुभव प्राप्त करते हैं, जबकि दूसरों को वह हौवा लगता है? क्यों कुछ 100/100 नंबर पाते हैं, जबकि बहुतों के लिए वह जीवन भर अभिशाप बनकर रह जाता है? उत्तर ज्यादा कठिन नहीं है। कक्षा 10 तक गणित अनिवार्य विषय है। अधिकतर छात्र इसमें प्रयुक्त चिह्न, गणितीय शब्द, सूत्र, स्पष्टीकरण व उदाहरणों से उपयुक्त परिचय नहीं कर पाते, अर्थात् फंडा कमजोर रह जाता है और गणित हौवा बनकर रह जाता है।

गणित कोई हौवा नहीं है। प्रस्तुत पुस्तक कक्षा 6 से कक्षा 10 तक के विद्यार्थियों के लिए (किशोरों के लिए) गणित को आसान व रुचिकर बनाने का प्रयास है। इसमें दिए हुए सूत्र जीवन भर काम आनेवाली धरोहर हैं।

सूत्र गणित का जीवन हैं। उनके उचित उपयोग के लिए छोटे-छोटे उदाहरण दिए गए हैं, परंतु स्वयं का मस्तिष्क लगाकर आप आसानी से 100 में से 100 अंक पा सकते हैं।

यद्यपि इस पुस्तक को हम गणित सूत्र कह रहे हैं, मैं चाहूँगा कि पाठक सूत्र का व्यापक अर्थ लें—फंडा, फंडामेंटल या आधारभूत। फंडा, 5 तरह से हो सकता है—

(1) **परिभाषा**—यदि कोई गणित विषय-वस्तु में प्रयुक्त गणितीय शब्दों की परिभाषा (अर्थ) नहीं जानता तो उसे उस पाठ को समझने में समस्या आएगी। उदाहरणार्थ, आप परिमेय संख्या, वास्तविक संख्या आदि शब्दों को बिना समझे सब जगह समस्याग्रस्त रहेंगे। इसलिए मैं चाहूँगा कि आप अपनी पाठ्य-पुस्तकों का भी सहारा लें और गणितीय शब्दों को पूर्णतया आत्मसात् करें।

(2) **सिद्धांत या थ्योरी**—गणित विज्ञान का महानतम सिद्धांत है तथा प्रत्येक पाठ में उसका सिद्धांत होता है। उस सब को ढूँढें और लिखें।

(3) **प्रमेय या थ्योरम्स**—आप गणित में बहुत सी प्रमेय, उपप्रमेय आदि पाएँगे। उन्हें लिखकर समझना, याद करना आवश्यक है।

(4) **सूत्र**—पुस्तक का नाम गणित सूत्र है और गणित की मूल भावना सूत्र होते हैं। सूत्रों का महत्त्व इसी से समझा जा सकता है।

(5) **प्रक्रिया या टेक्नोलोजी**—इसे मैथोडोलॉजी भी कहते हैं। टेक्नोलॉजी का अर्थ है, किसी कार्य को करने की प्रक्रिया। टेक्नोलॉजी के इस युग में इसका महत्त्व स्वयंसिद्ध है।

मैं सलाह दूँगा कि छात्र अपनी पाठ्य-पुस्तक सामने रखकर इस पुस्तक में दी गई उपरोक्त 5 चीजों को स्वयं एक अलग 'फंडा-डायरी' में अपने शब्दों में लिखें। आखिर पुस्तक स्वयं तो 100 में से 100 अंक नहीं दे देगी। इसका उपयोग ही ऐसा करा सकेगा।

—डी.डी. शर्मा

विषय-सूची

गणित में प्रयुक्त चिह्न

चिह्न	हिंदी नाम	अंग्रेजी नाम
=	बराबर	is equal to
~	लगभग बराबर	is approximately equal to
+	जमा	addition/plus
–	घटा	subtraction/minus
±	जमा–घटा	plus-minus
≠	बराबर नहीं है	is not equal to
×	गुणा	multiplied by/into
÷	भाग/बटे	divided by/upon
<	से कम है	is less than
>	से बड़ा है	is greater than
≤	बराबर या कम है	is less than or equal to
⊵	बड़ा या बराबर है	is greater than or equal to
≮	छोटा नहीं है	is not less than
>	बड़ा नहीं है	is not greater than
∈	संबंधित है	belongs to
∉	संबंधित नहीं है	does not belong to
⊂	उपसमुच्चय है	is a subset of
⊄	उपसमुच्चय नहीं है	is not a subset of
⇒	देता है/बनाता है	implies
⇔	बनाता व बनता है	implies and is implied by (if and only if)
∪	संयुक्त समुच्चय है	union
∩	सर्वनिष्ठ समुच्चय है	intersection

ϕ, { }	रिक्त समुच्चय	null set/void set/empty set
$\equiv$	एक रूपीय बराबर	congruent to
Y	सार्वत्रिक समुच्चय	Universal set
A',A^c	पूरक समुच्चय	Complement set A
$\therefore$	इसीलिए	Therefore
Θ	चूँकि	Because, Since
∞	अनंत	Infinity
N	प्राकृत समुच्चय	Natural numbers
W	पूर्ण संख्याएँ	Whole numbers
I, Z	समस्त पूर्ण संख्याएँ	Integers
Q	परिमेय संख्याएँ	Rational numbers
$\propto$	समानुपाती है	Proportional
α	एल्फा	Alpha
β	बीटा	Beta
γ	गामा	Gamma
δ	डेल्टा	Delta
θ	थीटा	Theta
π	पाई	Pie
ϕ	फाई	Phi
ψ	साई	Psi
$\perp$	लंबवत् है	is perpendicular to
$\parallel$	समानांतर है	is parallel to
$\angle$	कोण	Angle
Δ	त्रिभुज	Triangle
▭	समानांतर चतुर्भुज	Parallelogram

□

बीजगणित के सूत्र

1. $(a+b)^2 = a^2 + 2ab + b^2$
2. $(a-b)^2 = a^2 - 2ab + b^2$
3. $a^2-b^2 = (a+b)(a-b)$
4. (i) $a^2+b^2 = (a+b)^2 - 2ab$
   (ii) $a^2+b^2 = (a-b)^2 + 2ab$
5. $(a-b)^2 = (a+b)^2 - 4ab$
6. $(x + a)(x + b) = x^2 + (a + b)x + ab$
7. $(a + b)^3 = a^3 + 3a^2b + 3ab^2 + b^3$
   $= a^3 + b^3 + 3ab(a + b)$
8. $(a - b)^3 = a^3 - 3a^2b + 3ab^2 - b^3$
   $= a^3 - b^3 - 3ab(a - b)$
9. $a^3 + b^3 = (a + b)(a^2 - ab + b^2)$
10. $a^3 - b^3 = (a - b)(a^2 + ab + b^2)$
11. $(a + b + c)^2 = a^2 + b^2 + c^2 + 2ab + 2bc + 2ca$
12. यदि $a + b + c = 0$ तो
    $a^3 + b^3 + c^3 = 3abc$
13. $a^3 + b^3 + c^3 - 3abc = (a + b + c)[a^2 + b^2 + c^2 - ab - bc - ca]$
14. $a^2+b^2+c^2-ab-bc-ca = \frac{1}{2}\left[(a-b)^2+(b-c)^2+(c-a)^2\right]$
15. यदि $\frac{a}{b} = \frac{c}{d}$

    $\Leftrightarrow \frac{a+b}{a-b} = \frac{c+d}{c-d}$ (योगांतर नियम Componendo and Dividendo)

द्विघात समीकरण का हल : यदि $ax^2 + bx + c = 0$ के मूल α तथा β है

तो $\alpha, \beta = \frac{-b \pm \sqrt{b^2 - 4ac}}{2a}$ तथा $\alpha + \beta = \frac{-b}{a}$, $\alpha\beta = \frac{c}{a}$

चक्रीय राशियाँ : यदि $a>b>c$ या $a<b<c$ तो
$(a-b)^3+(b-c)^3+(c-a)^3 = 3(a-b)(b-c)(c-a)$

1 (a)

संख्या समुच्चय N, W, I, Q, रोमन संख्याएँ तथा गणित बाइनरी

(i) **प्राकृत संख्याएँ (Natural Numbers)**

N = {1,2,3,4,..........}

(ii) **पूर्ण संख्याएँ (Whole Numbers)**

W = {0,1,2,3,4.......}

(iii) **समस्त पूर्णांक (Integers)**

Z = {........,-3,-2,-1,0,1,2,3........}

(iv) **परिमेय संख्याएँ (Rational Numbers)**

$$Q = \{ \frac{a}{b} : a, b \in I, b \neq 0 \}$$

(v) **अपरिमेय संख्याएँ (Irrational Number) :** जो परिमेय संख्याओं की तरह न लिखी जा सकें। उदाहरण के लिए— $\sqrt{2}, \sqrt{3}, \sqrt[3]{4}$, आदि।

(vi) **वास्तविक संख्याएँ (Real Number)—**

R = {परिमेय संख्याएँ } ∪ {अपरिमेय संख्याएँ}

कुछ और प्रकार के संख्या समुच्चय

(i) **विषम संख्याएँ (Odd Number) :** वे संख्याएँ, जो 2 से विभाजित न हो सकें, विषम संख्या कहलाती हैं।

∴ विषम संख्याएँ = {1,3,5,7,9........}

(ii) **सम संख्याएँ (Even Number) :** जो दो से विभाजित होती हैं।

∴ सम संख्याएँ = {2,4,6,8,10.......}

(iii) **क्रमागत संख्याएँ (Consecutive Number) :** संख्या 1 के बाद 2 आता

है, 2 के बाद 3,......,10 के बाद 11 इत्यादि; 2 संख्या 1 की, 3 संख्या 2 की तथा 11 संख्या 10 की क्रमागत संख्या है।

$\therefore$ n की क्रमागत संख्या = n+1

(iv) रूढ़ संख्याएँ (Prime Numbers) : जो स्वयं व 1 के अतिरिक्त किसी अन्य संख्या से विभाजित न हों। 100 तक ये हैं :

2, 3, 5, 7, 11, 13, 17, 19, 23, 29, 31, 37, 41, 43, 47, 53, 59, 61, 67, 71, 73, 79, 83, 89, 97

(v) संयुक्त संख्याएँ (Composite Number) : 1 और रूढ़ संख्याओं के अतिरिक्त अन्य संख्याएँ संयुक्त संख्या होती हैं।

(vi) सह-अभाज्य संख्या (Co-Prime Number) : वे दो संख्याएँ, जिनका महत्तम समापवर्तक 1 हो। अर्थात् जब वे 1 के अतिरिक्त किसी अन्य संख्या से विभाजित न हों। उदाहरण के लिए 4, 9 रूढ़ नहीं हैं, परंतु सह-अभाज्य हैं।

पद्धतियाँ (System)

हम 0, 1, 2, 3, 4, 5, 6, 7, 8, 9 कुल 10 चिह्नों से सारी संख्याएँ प्राप्त कर सकते हैं। रोमन पद्धति में ऐसा नहीं है। वहाँ I, II, III, IV, V, VI,.....,X......XX..... IL,.......,L,........C आदि संकेत प्रयोग होते हैं।

V = 5 L = 50 D = 500
X = 10 C = 100 M = 1000

अगर किसी संकेत के ऊपर एक सीधी लकीर खींच दी जाय तो उसका मान 1,000 गुना बढ़ जाता है।

$\overline{V} = 5000$

$\overline{L} = 50000$

बाइनरी गणित में केवल 2 चिह्न 0,1 का प्रयोग करते हैं। इसके योग, घटा आदि के कुछ नियम हैं—

$1 + 1 = 10, \quad 10 + 1 = 11 \quad 11 + 1 = 100$

$1 - 1 = 0, \quad 1 \times 1 = 1, \quad \frac{1}{1} = 1, 1 \times 0 = 0, \frac{0}{1} = 0$

यह पद्धति कंप्यूटर्स में प्रचलित है।

अन्य सभी आधारों पर पद्यति प्राप्त करना संभव है। परंतु 0,1,2...........9 से प्राप्त दशमल पद्धति मुख्य रूप से काम आती है तथा बहुत अधिक प्रचलित है। □

1 (b)

वास्तविक संख्याएँ (R) तथा उनके गुणधर्म

R = {वास्तविक संख्याएँ}

Q = {परिमेय संख्याएँ}

I {अपरिमेय संख्याएँ}

परिमेय संख्याएँ (Q) वे संख्याएँ हैं, जो—

$Q = \{ \frac{a}{b} : a, b \in I, b \neq 0 \}$

अर्थात् $2 = \frac{2}{1}, \frac{3}{5}, \frac{7}{12}, \frac{-8}{17}$ इत्यादि परिमेय संख्याएँ हैं।

क्या $\frac{\sqrt{2}}{1}$ भी एक परिमेय संख्या है ?

नहीं, क्योंकि यहाँ $\frac{\sqrt{2}}{1}$ में $a = \sqrt{2}, b = 1$, परंतु $a = \sqrt{2} \notin I$

$\therefore \sqrt{2}$ परिमेय संख्या नहीं है। इसी प्रकार $\sqrt{3}, \sqrt{5}, \sqrt[3]{4}, \sqrt[4]{8}$ इत्यादि परिमेय संख्या नहीं हैं। इन्हें अपरिमेय संख्या कहते हैं। अपरिमेय वे वास्तविक संख्या हैं, जो परिमेय संख्या अर्थात् $\{ \frac{a}{b} : a, b \in I, b \neq 0 \}$ के रूप में नहीं लिखी जा सकतीं।

वास्तविक संख्याएँ R पर निम्नलिखित गुणधर्म प्रयोग होते हैं—

योग के नियम

1. **विषय पूर्णता गुणधर्म (Closure Law) :** $a, b \in R$ तो $(a + b) \in R$
2. **योग विनियम गुणधर्म (Commutative Law) :** यदि $a, b \in R$ तो $a + b = b + a$

3. योग संयुक्तता गुणधर्म (Associative Law) : यदि $a, b, c \in R$ तो

$(a + b) + c = a + (b + c)$

4. योग इकाई (जीरो गुणधर्म, Existance of Additive Identity) :
$\forall a \in R, \exists\ 0 \in R$ ताकि $a + 0 = 0 + a = a$.

0 को योग की इकाई कहते हैं।

5. योग व्युत्क्रम (Additive Inverse) : $\forall a \in R, \exists -a \in R$ ताकि $a + (-a) = 0 = (-a) + a$

गुणन के नियम

6. क्लोजर (Closure property of Multiplication) :

यदि $a, b \in R$ तो $a.b \in R$

7. गुणन विनियम गुणधर्म (Commutative property/Law of Multiplication) :

यदि $a, b \in R$ तो

$a.b = b.a$

8. गुणन संयुक्तता गुणधर्म (Associative Law of Multiplication) :

यदि $a, b, c \in R$ तो

$(ab)\ c = a\ (bc)$

9. गुणन इकाई (Existance of Multiplicative Unity) : $a \in R, \exists, 1 \in R$

ताकि $a.1 = a = 1.a$, 1 को गुणन की इकाई कहते हैं।

10. गुणन व्युत्क्रम (Multiplicative Inverse) :

$\forall a \in R (a \neq 0), \exists \frac{1}{a} \in R$ ताकि $a.\frac{1}{a} = 1 = \frac{1}{a}.a$ यहां $\frac{1}{a}$ को गुणन व्युत्क्रम कहते हैं।

11. योग पर गुणन का वितरण गुणधर्म (Distribution Law of Addition over Multiplication) : $\forall a, b \in R$,

$a.(b + c) = ab + ac$ तथा $(a + b).c = ac + bc$

□

2

संख्याओं पर संक्रियाएँ

1. मुख्यतः दो संक्रियाएँ (a) योग (Addition) (b) गुणन (Multiplication) गणित में प्रयुक्त होती हैं।

आप कह सकते हैं कि घटा (Subtraction) तथा भाग (Division) भी तीसरी एवं चौथी संक्रियाएँ हैं। इसलिए 4 संक्रियाएँ मानी जानी चाहिए।

नहीं, ऐसा नहीं है। घटा को योग का व्युत्क्रम (उलटा–Inverse) लिया जा सकता है तथा भाग को गुणा का। देखें—

$4 - 3 = 4 + (-3)$

$4 \div 3 = 4 \times \frac{1}{3}$

अब 4 से 3 घटाना = 4 में (−3) जोड़ना तथा 4 को 3 से भाग करना = 4 को $\frac{1}{3}$ से गुणा करना है।

∴ घटा व भाग को अलग से लेने की कोई आवश्यकता नहीं है।

2. यद्यपि हम कितनी ही तरह की संक्रियाएँ परिभाषित कर सकते हैं, परंतु हम यहाँ केवल योग और गुणा तथा उनके व्युत्क्रम (inverses) पर ही ध्यान केंद्रित करेंगे।

हम जानते हैं—

(a) किसी संख्या में 0 जोड़ने पर वही संख्या प्राप्त होती है। इसी प्रकार a से 0 घटाने पर a ही प्राप्त होती है।

0 से a घटाने पर क्या होगा?

अर्थात् $0 - a = ?$

हम ध्यान दें $0 - a = -a$ होता है।

a को 0 से गुणा करें—

$a \times 0 = 0$ है।

अब $a \div 0 = ?$

हम दोहराएँ Q की परिभाषा

$$Q = \{\frac{a}{b} : a, b \in I, b \neq 0\}$$

अर्थात् परिमेय संख्या $\frac{a}{b}$ में $b \neq 0$

यदि $b = 0$ हो तो $\frac{a}{b}$ परिमेय संख्या नहीं होती।

इसी प्रकार अपरिमेय संख्याओं में किसी अपरिमेय संख्या P के लिए $\frac{P}{0}$ भी न अपरिमेय, न ही परिमेय होती।

अर्थात् **$\frac{a}{0}$ कोई वास्तविक संख्या नहीं है। इसी प्रकार $\frac{0}{0}$ कोई वास्तविक संख्या नहीं है।**

(b) हम देख चुके हैं $a + b = b + a$

तो $7 + 5 = 5 + 7$

क्या $7 - 5 = 5 - 7$? नहीं, क्योंकि

$7 - 5 = 7 + (-5)$

$\therefore 7 - 5 = -5 + 7$

(c) $a + (b + c) = (a + b) + c$

$17 + (15 + 5) = (17 + 15) + 5$

$\therefore$ तीन संख्याओं (या अधिक को भी) हम किसी भी सुविधानुसार क्रम में जोड़ सकते हैं।

(d) दो सम संख्याओं का योग सदैव सम होता है।

$4 + 8 = 12, \quad 20 + 40 = 60$

दो विषम संख्याओं का योग सदैव सम होता है।

$3 + 5 = 8, \quad 19 + 11 = 30$

एक सम संख्या तथा दूसरी विषम संख्या का योग सदैव विषम संख्या होता है।

$13+8=21, \quad 18+7=25$

उदाहरण :

(a) $115 \times 30 = 3450$ (c) $20.20 \times 400 = 8080.00$

(c) $779 \times 12 = 9348$ (d) $0.50 \times .10 = 0.050. = 0.05$

भाग के साधारण नियम

$115 \div 5$ के लिए

```
5 ) 115 ( 23
    10
    ---
     15
     15
    ---
     ×
    ---
```

$\therefore 115 \div 5 = 23$

तथा $777.52 \div 0.4 = \dfrac{777.52}{0.4}$

$= \dfrac{77752 \times 10}{100 \times 4} = \dfrac{77752}{40}$

अब

```
40 ) 77752 (1943.8
     - 40
     ----
      377
     - 360
     -----
       175
     - 160
     -----
       152
      - 120
      -----
        320
      - 320
      -----
         ×
      -----
```

$\therefore 777.52 \div 0.4 = 1943.8$

(e) इसी प्रकार जोड़, घटा, गुणा भाग में चिह्नों सहित संक्रिया कर सकते हैं। याद रखें—

+ को + में जोड़ने पर योग + होता है।

– को – में जोड़ने पर योग – होता है।

(+ और –) या (– और +) के लिए संख्याओं को घटाएँ और बड़ी संख्या का चिह्न लें।

गुणा/भाग के लिए—

+ का + से गुणा/भाग + संख्या देगा।

– का – से गुणा/भाग + संख्या देगा।

(+ और –) या (– और +) का गुणा/भाग – संख्या देगा।

(f) किसी संख्या a में उसका योग व्युत्क्रम जोड़ने पर 0 प्राप्त होता है :

$a + (-a) = 0 = (-a) + a$

$15 - 15 = 0 = 15 + (-15) = (-15) + 15$

उपर्युक्त को ध्यान में रखकर हम योग/घटा में निम्न तरीके प्रयुक्त (Use) कर सकते हैं—

$535 + 147 - 35 = 535 + 147 + (-35)$
$= \{535 + (-35)\} + 147$
$= 500 + 147$
$= 647$

(g) दशमलव की संख्याओं में योग या घटा के लिए दशमलव सदैव एक स्थान पर रखकर निम्न प्रकार जोड़ें/घटाएँ।

215.732 + 1.26853 को लिखें—

$$\begin{array}{r} 215.73200 \\ +1.26853 \\ \hline 217.00053 \\ \hline \end{array}$$

इसी प्रकार घटा में—

215.732 – 1.26853 को लिखें—

$$\begin{array}{r} 215.73200 \\ -1.26853 \\ \hline 214.46347 \\ \hline \end{array}$$

(3) गुणा/भाग के लिए—

(d) 2 से 20 तक (कम-से-कम 2 से 12 तक) पहाड़े अवश्य याद करें—

2	3	4	5	6	7	8	9	10	11	12	13	14	15	16	17	18	19	20
4	6	8	10	12	14	16	18	20	22	24	26	28	30	32	34	36	38	40
6	9	12	15	18	21	24	27	30	33	36	39	42	45	48	51	54	57	60
8	12	16	20	24	28	32	36	40	44	48	52	56	60	64	68	72	76	80
10	15	20	25	30	35	40	45	50	55	60	65	70	75	80	85	90	95	100
12	18	24	30	36	42	48	54	60	66	72	78	84	90	96	102	108	114	120
14	21	28	35	42	49	56	63	70	77	84	91	98	105	112	119	126	133	140
16	24	32	40	48	56	64	72	80	88	96	104	112	120	128	136	144	152	160
18	27	36	45	54	63	72	81	90	99	108	117	126	135	144	153	162	171	180
20	30	40	50	60	70	80	90	100	110	120	130	140	150	160	170	180	190	200

□

वर्ग और घन

भाग-(I)

वर्ग और घन

वर्ग (Square) : यदि संख्या x को x से गुणा करें तो x. x = x^2 को x का वर्ग कहते हैं। याद करें—

$1^2 = 1$ $2^2 = 4$ $3^2 = 9$ $4^2 = 16$ $5^2 = 25$

$6^2 = 36$ $7^2 = 49$ $8^2 = 64$ $9^2 = 81$ $10^2 = 100$

$11^2 = 121$ $12^2 = 144$ $13^2 = 169$ $14^2 = 196$ $15^2 = 225$

$16^2 = 256$ $17^2 = 289$ $18^2 = 324$ $19^2 = 361$ $20^2 = 400$

$21^2 = 441$ $22^2 = 484$ $23^2 = 529$ $24^2 = 576$ $25^2 = 625$

$26^2 = 676$ $27^2 = 729$ $28^2 = 784$ $29^2 = 841$ $30^2 = 900$

घन (Cube) : x को x से तीन बार गुणा करें तो x.x.x = x^3 होता है। याद करें—

$1^3 = 1$ $2^3 = 8$ $3^3 = 27$ $4^3 = 64$ $5^3 = 125$

$6^3 = 216$ $7^3 = 343$ $8^3 = 512$ $9^3 = 729$ $10^3 = 1000$

$11^3 = 1331$ $12^3 = 1728$ $13^3 = 2197$ $14^3 = 2744$ $15^3 = 3375$

वर्गमूल (Square Root) : वर्ग की व्युत्क्रम संक्रिया वर्गमूल है। x का वर्ग मूल $\sqrt{x}$ लिखा जाता है।

याद करें—

$\sqrt{1} = 1$ $\sqrt{4} = 2$ $\sqrt{9} = 3$ $\sqrt{16} = 4$ $\sqrt{25} = 5$

$\sqrt{36} = 6$ $\sqrt{49} = 7$ $\sqrt{64} = 8$ $\sqrt{81} = 9$ $\sqrt{100} = 10$

$\sqrt{121} = 11$ $\sqrt{144} = 12$ $\sqrt{169} = 13$ $\sqrt{196} = 14$ $\sqrt{225} = 15$

$\sqrt{400} = 20$ $\sqrt{625} = 25$ $\sqrt{900} = 30$

घनमूल (Cute Root) : घन की व्युत्क्रम संक्रिया घनमूल है। x का घनमूल $\sqrt[3]{x}$ या $x^{\frac{1}{3}}$ लिखा जाता है।

याद करें $\sqrt[3]{1} = 1$, $\sqrt[3]{8} = 2$, $\sqrt[3]{27} = 3$, $\sqrt[3]{64} = 4$, $\sqrt[3]{125} = 5$

भाग–(II)

वर्गमूल और घनमूल

उदाहरण :

(i) वर्ग : यदि किसी संख्या के अंत में 5 आता है तो उसका वर्ग निकालने के लिए नियम है—

वर्ग के आखिरी दो अंक 25 हैं। संख्या के (जिसका वर्ग निकालना है) अंतिम अंक को छोड़कर बची संख्या (माना x) की अगली (Consecutive) संख्या (x+1) को आपस में गुणा करें = x (x + 1) तथा इस गुणनफल को 25 से पहले रखनें पर प्राप्त संख्या दी हुई संख्या का वर्ग है।

जैसे 25^2 के लिए आखिरी दो (दहाई + इकाई) में 25 आएगा तथा 25 के 5 को छोड़कर बची संख्या 2 की अगली संख्या 3 को गुणा से 2 × 3 = 6 प्राप्त होता है।

$\therefore 25^2 = 625$

इसी प्रकार $15^2 = 225$, $35^2 = 1225$

हम याद कर सकते हैं या आसानी से निकाल सकते हैं।

$15^2 = 225$, $25^2 = 625$, $35^2 = 1225$, $45^2 = 2025$, $55^2 = 3035$

$65^2 = 4225$, $75^2 = 5625$ $85^2 = 7225$, $95^2 = 9025$, $105^2 = 11025$

(ii) वर्गमूल : पूर्ण वर्गों के वर्गमूल आसान हैं, जैसे—

$\sqrt{625} = \sqrt{25^2} = 25$, $\sqrt{144} = \sqrt{12^2} = 12$ इत्यादि, परंतु शेष संख्याओं के वर्गमूल दशमलव के अभीष्ट (required) अंक तक निकाला जाता है। कुछ उदाहरण यहाँ दिए गए हैं :

आओ $\sqrt{2}$ को दशमलव के 3 अंकों तक निकालें।

पहले 2 = 2.00000000 अर्थात् दशमलव लगाकर 4 जोड़े जीरो लगाएँ। दशमलव के दोनों तरफ जोड़े बना लें। सीधी तरफ जोड़े अवश्य ही पूर्ण होने चाहिए। बाईं तरफ एक अंक (बाएँ कोने में) रह सकता है, जैसे—यहाँ 2 है। अब सबसे बाईं संख्या 2 के लिए ऐसी संख्या लें, जिसे स्वयं से गुणा करने पर 2 से अधिक नहीं हो। यह 1 है।

```
          1.4142
    1 | ) 2.00000000
   +1 | -1
   24 |  100
   +4 | - 96
  281 |   400
   +1 |  -281
 2824 |   11900
   +4 |  -11296
28282 |     60400
   +2 |    -56564
      |      3836
```

नियम से शेष के साथ (भाग की तरह) अगली 2 संख्याएँ (00) ली जाएँगी तथा भागफल के दुगुना (1×2=2) के साथ ऐसी संख्या (एक अंक में) लिखें कि प्राप्त संख्या को इस एक अंकवाली संख्या से गुणा करने पर भाग से अधिक न हो। इसी प्रकार आगे बढ़ते जाएँ तथा यहाँ प्राप्त संख्या $\sqrt{2} = 1.4142.....$ लिखें।

क्योंकि हम $\sqrt{2}$ का मान तीन अंकों में पाना चाहते हैं:

$\therefore$ तीन अंकों तक संक्षिप्त करेंगे (Approximate)

$\therefore \sqrt{2} = 1.414$

एक और उदाहरण $\sqrt{12.732}$ लें

$\sqrt{12.732} = \sqrt{12.732000}$

```
          3.568
    3 | ) 12.732000
   +3 | -9
   65 |  373
   +5 | -325
  706 |  4820
   +6 | -4236
 7128 |   58400
   +8 |  -57024
      |    1576
```

$\therefore \sqrt{12.732} = 3.568$ (लगभग)

≈ 3.57 (दो दशमलव अंकों तक)

(iii) घन निकालने के लिए हम जानते हैं कि किसी संख्या को उसी से तीन बार गुणा करते हैं।

जैसे $3^3 = 3\times3\times3 = 27$

$5^3 = 5\times5\times5 = 125$

$11^3 = 11\times11\times11 = 1331$

हम कुछ घन याद करें—

$1^3 = 1$,	$2^3 = 8$	$3^3 = 27$	$4^3 = 64$	$5^3 = 125$
$6^3 = 216$	$7^3 = 343$	$8^3 = 512$	$9^3 = 729$	$10^3 = 1000$

(iv) : घनमूल निकालने के लिए हम याद रखें—

यदि $x^3 = n$ तो $x = \sqrt[3]{n}$

जहाँ वर्गमूल में $x^2 = n \Leftrightarrow \sqrt{n} = \pm x$

घनमूल वास्तविक संख्याओं में एक ही होता है।

घनमूल निकालने के लिए हम लघुगणन का प्रयोग कर सकते हैं। परंतु घन की परिभाषा प्रयोग कर हम देख सकते हैं कि

$\sqrt[3]{1} = 1$ $\quad\sqrt[3]{27} = 3$ $\quad\sqrt[3]{729} = 9$ इत्यादि।

भाग-(III)

विभाजन कसौटी

1. यदि 4 को 2 से भाग दें तो 2 प्राप्त होता है :

   $4 \div 2 = 2$

   यदि 15 को 3 से भाग दें तो

   $15 \div 3 = 5$

   इसी प्रकार $15 \div 5 = 3$

   हम कहते हैं कि 4 संख्या 2 से विभाज्य है।

   15 संख्या 5 तथा 3 दोनों से विभाज्य है। तो विभाज्य के लिए यदि किसी प्राकृत संख्या को दूसरी प्राकृत संख्या से भाग करें और प्राकृत संख्या प्राप्त हो तो हम कहते हैं कि पहली संख्या दूसरी से विभाज्य है।

2. प्रत्येक प्राकृत संख्या 1 से विभाज्य है।

   $1 \div 1 = 1$, $\quad 2 \div 1 = 2$, $\quad 3 \div 1 = 3$ इत्यादि।

3. प्रत्येक सम संख्या {2,4,6,8.......} सदैव 2 से विभाज्य होती है। तथा विषम संख्या कभी भी 2 से विभाज्य नहीं होती।

विषम संख्या {1,3,5,7.....}

2 से विभाजन का नियम : यदि किसी संख्या में इकाई का अंक 0, 2, 4, 6, 8 में से हो तो वह 2 से विभाज्य होगी। उदाहरण के लिए : 1250, 1378, 9256 आदि 2 से विभाज्य हैं।

4. **3 से विभाज्य संख्याएँ :** यदि किसी संख्या के सारे अंकों का योग 3 से विभाज्य हो तो वह संख्या 3 से विभाज्य होगी। उदाहरण के लिए : 3432 के अंकों का योग $= 3+4+3+2 = 12$

अब $12 \div 3 = 4$

$\therefore$ 3432 संख्या 3 से विभाज्य है।

इसी प्रकार 7982 के अंकों का योग $7+9+8+2 = 26$

परंतु $26 \div 3 \neq$ प्राकृत संख्या

क्योंकि 7982 के अंकों का योग 3 से विभाज्य नहीं है।

$\therefore$ 7982 को 3 से विभाजित नहीं कर सकते।

5. **4 से विभाज्य संख्याएँ :** यदि किसी संख्या के दहाई तथा इकाई से बनने वाली संख्या 4 से विभाज्य हो या अंतिम के दो अंक 00 हों तो वह संख्या 4 से विभाज्य होती है।

उदाहरण के लिए : 4156 में 56 दहाई तथा इकाई से बननेवाली संख्या है तथा $56 \div 4 = 14$, 4 से विभाज्य है।

$\therefore$ 4156 भी 4 से विभाज्य है।

$4156 \div 4 = 1039$

6. **5 से विभाज्य संख्याएँ :** यदि किसी संख्या की इकाई का अंक 0 या 5 हो तो वह संख्या 5 से विभाज्य होगी।

उदाहरण के लिए : $75920 \div 5 = 15184$

$\therefore$ 75920 एक 5 से विभाजित होनेवाली संख्या है।

इसी प्रकार $37295 \div 5 = 7659$ $\therefore$ 37295 भी 5 से विभाज्य है

7. **6 से विभाज्य :** यदि कोई संख्या 2 और 3 दोनों से विभाज्य हो तो वह 6 से विभाज्य होगी।

उदाहरण के लिए :

$529206 \div 2 = 264603$

तथा $529206 \div 3 = 176402$

$\therefore$ 529206 दोनों 2, 3 से विभाज्य हैं।

$\therefore$ 529206 को 6 से विभाजित कर सकते हैं।

529206 ÷ 6 = 88201

8. **8 से विभाज्य संख्याएँ :** यदि किसी संख्या के सैकड़े, दहाई, इकाई अंकों से बननेवाली संख्या 8 से विभाज्य हो या अंतिम तीन अंक 000 हो तो दी हुई संख्या 8 से विभाज्य होगी।

उदाहरण के लिए :

52128 की आखिरी 3 अंकों से बनी संख्या 128 ÷ 8 = 16

$\therefore$ 128, 8 से विभाज्य है।

$\therefore$ 52128 भी 8 से विभाज्य है।

52128 ÷ 8 = 6516

9. **9 से विभाज्य संख्याएँ :** यदि किसी संख्या के अंकों का योग 9 से विभाज्य हो तो वह संख्या भी 9 से विभाज्य होगी।

उदाहरण के लिए :

6606 के अंकों का योग = 6+6+0+6 = 18 जो कि 18 ÷ 9 = 2; 9 से विभाज्य है।

$\therefore$ 6606 भी 9 से विभाज्य है।

10. **10 से विभाज्य संख्याएँ :** यदि किसी संख्या की इकाई का अंक (अंतिम अंक) 0 हो तो वह 10 से विभाज्य होती है।

11. **11 से विभाज्य संख्याएँ :** यदि किसी संख्या के सम और विषम स्थान पर स्थित अंकों के योगों का अंतर 11 से विभाज्य या शून्य हो तो वह संख्या 11 से विभाज्य होती है।

उदाहरण के लिए :

16192 में सम स्थान पर स्थित अंकों 6 तथा 9 का योग 15 है तथा विषम स्थान पर स्थित अंकों 1,1 तथा 2 का योग 4 है।

अब सम अंकों का योग—विषम अंकों का योग = 15−4=11 जो कि 11 से विभाजित है, अत: 16192 को 11 से विभाजित कर सकते हैं।

अन्य उदाहरण (i) क्या 3729, 3 से विभाज्य है ? 9 से ?

3729 के अंकों का योग = 3+7+2+9=21

जो कि 3 से विभाज्य है, 9 से नहीं।

$\therefore$ 3729 संख्या 3 से विभाज्य है, 9 से नहीं।

(ii) 5 से विभाज्य कौन सी संख्याएँ हैं—

725, 77195, 135700, 13259552, 1735915 से 725, 77195, 135700 विभाज्य हैं; 13259552, 17359 नहीं।

(iii) निम्न में से कौन सी संख्याएँ 4, 8 से विभाज्य हैं—

7728, 52924, 525252

7228 के अंतिम 2 अंकों से बना 28 जहाँ 28 ÷ 4 = 7 परंतु तीन अंक से बना 228 ÷ 8 पूर्णांक नहीं है।

∴ 7728 संख्या 4 से विभाज्य है, 8 से नहीं। 52924 के अंतिम दो अंकों से बनी संख्या 24 ÷ 4 = 6

∴ 52924 संख्या 4 से विभाज्य है।

तथा 924 ÷ 8 एक पूर्णांक नहीं है।

∴ 52924 संख्या 8 से विभाज्य नहीं है। इसी प्रकार 525252 में अंतिम 52÷ 4 = 13

∴ 525252 संख्या 4 से विभाज्य है और 252 संख्या 8 से विभाज्य नहीं है।

∴ 525252 संख्या 8 से विभाज्य नहीं है।

□

4

लघुत्तम समापवर्तक तथा महत्तम समापवर्तक

हमने अध्याय तीन में देखा कि दो संख्याओं में 1 के अतिरिक्त कोई अन्य विभाजक हो तो वह विभाजक एक रूढ़ या अधिक रूढ़ संख्याओं का गुणनफल भी हो सकता है।

उदाहरण : 2, 4 की विभाजक संख्या = 2

4, 8 की विभाजक संख्या = 2 × 2 = 4

अब प्रश्न है—यह विभाजक संख्या क्या प्रदर्शित करती है?

उत्तर है—महत्तम समापवर्तक।

उदाहरण के लिए 18, 27 लें तो

18 = 2 × 3 × 3

27 = 3 × 3 × 3

निरीक्षण से 18, 27 का महत्तम समापवर्तक = 3 × 3 = 9

1. महत्तम समापवर्तक (म.स.प.) (HCF or Highest Common Factor)—वह बड़ी-से-बड़ी संख्या, जो दी हुई सारी संख्याओं को विभाजित करती है, म.स.प. कहलाती है।

नियम है—प्रत्येक संख्या के रूढ़ गुणनखंड कर लें तथा अधिकतम जो दोनों में हो, उनकी गुणा संख्याओं का महत्तम समापवर्तक (म.स.प.) है।

उदाहरण : 27, 54, 243 का महत्तम समापवर्तक ज्ञात करें।

$27 = 3_1 \times 3_2 \times 3_3$

$54 = 2_1 \times 3_1 \times 3_2 \times 3_3$

$243 = 3_1 \times 3_2 \times 3_3 \times 3_4 \times 3_5$

निरीक्षण से 2 केवल 54 में है 27, 243 में नहीं। इसे छोड़ दें। 3_1 सभी में

है, 3_2 सभी में है, 3_3 सभी में है। इन्हें म.स.प. में लेंगे। 3_4, 3_5 केवल 243 में है, छोड़ दें। यहां 3_1, 3_2....संख्या के गुणनखंड की आवृति बताने के लिए है।

$\therefore$ महत्तम समापवर्तक = 3 × 3 × 3 = 27

2. म.स. के लिए अन्य विधि—18, 27 का म.स.प. निकालने के लिए शेषफल से भाजक को तब तक भाग करते हैं जब तक शेषफल शून्य न आ जाए। आखिरी भाजक म.स.प. होता है।

$\therefore$ 18, 27 का म.स.प. = 18

```
18) 27 (1
   -18
   ----
    9) 18 (2
      -18
      ----
        0
```

तीन या अधिक संख्याओं, माना 27, 54, 243 के लिए म.स.प. निकालने के लिए पहले दो सबसे बड़ी संख्याओं का म.स.प. निकालें।

यहाँ 54, 243 के लिए

```
54 ) 243 (4
    -216
    ----
    27 ) 54 (2
        -54
        ----
          0
```

$\therefore$ 54, 243 का म.स.प. = 27

अब इस संख्या का तीसरी = 27 के साथ म.स.प. निकालेंगे।

```
27)27(1
   27
   --
    0
```

$\therefore$ 27, 54, 243 का म.स.प. = 27

3. लघुत्तम समापवर्तक (ल.स.प.) (Least Common Multiple or LCM)—वह छोटी-से-छोटी संख्या जो दी हुई सारी संख्याओं से विभाजित होती है ल.स.प. कहलाती है।

उदाहरण : 12, 18, 60 का ल.स.प. निकालने के लिए

12 = 2×2×3 18 = 2×3×3 60 = 2×2×3×5

यहाँ 2 के अधिकतम गुणाकार 60 में है = 2×2

यहाँ 3 के अधिकतम गुणाकार 18 में है = 3×3

यहाँ 5 के अधिकतम गुणाकार 60 में है = 5

∴ ल.स.प. = 2×2×3×3×5 = 180

4. ल.स.प. के लिए अन्य विधि—

उपर्युक्त के लिए

2	12, 18, 60
2	6, 9, 30
3	3, 9, 15
	1, 3, 5

ल.स.प. = 2×2×3×3×5
= 180

ल.स.प. निकालने के लिए हम ऐसी छोटी से छोटी संख्या का चुनाव करेंगे, जो कम से कम दो संख्याओं को विभाजित करे। यह क्रम तब तक दोहराएँ जब तक कि भागफल में प्राप्त दो संख्याएँ किसी एक संख्या से विभाजित न हों।

उदाहरण :

2	6, 8
	3, 4

चूँकि 3 और 4 के लिए हमें किसी ऐसी संख्या, जो इन दोनों को विभाजित कर सके, प्राप्त करना मुश्किल है। हम ल.स.प. के लिए इन सभी संख्याओं को आपस में गुणा कर देंगे।

ल.स. 2 × 3 × 4 = 24

□

5

बोडमास सूत्र

(i) BODMAS से अर्थ है—

Bracket	ब्रैकेट
Of	का
Division	भाग
Multiplication	गुणा
Addition	जोड़
Subtraction	घटा

उपर्युक्त को हमेशा उपर्युक्त क्रम में ही लेना होगा। क्रम में कभी कोई बदलाव नहीं किया जा सकता है।

(ii) ब्रैकेट निम्नलिखित प्रकार के होते हैं :

बार	—	Bar or Vinculum
छोटा ब्रैकेट	( )	Small Bracket or Parenthesis
मँझला ब्रैकेट	{ }	Braces or Curly Bracket
बड़ा ब्रैकेट	[ ]	Big Bracket or Square Bracket

बार संख्याओं के ऊपर लगाया जाता है तथा इसे सबसे पहले हल करते हैं। इसके पश्चात् छोटा ब्रैकेट, फिर मँझला तथा आखिर में बड़ा ब्रैकेट हल किया जाता है।

उदाहरण (i) हल करें :

$$\frac{1}{2}-\left(\frac{1}{3}+\frac{1}{4}\right)+\frac{7}{8} \text{ का } \frac{8}{7} \div \{(\frac{5}{3}-\frac{2}{5})+(7\frac{1}{3}-2\frac{1}{3})\}$$

हल : $\frac{1}{2}-(\frac{1}{3}+\frac{1}{4})+\frac{7}{8}$ का $\frac{8}{7} \div \{(\frac{5}{3}-\frac{2}{5})+(7\frac{1}{3}-2\frac{1}{3})\}$

$$=\frac{1}{2}-\frac{(4+3)}{12}+\frac{7}{8}\times\frac{8}{7}\div\{\frac{5}{3}-\frac{2}{5}+\frac{5}{1}\}$$

$$=\frac{1}{2}-\frac{7}{12}+1\div\{\frac{25-6+75}{15}\}$$

$$=\frac{1}{2}-\frac{7}{12}+1\div\frac{94}{15}=\frac{1}{2}-\frac{7}{12}+1\times\frac{15}{94}=\frac{1}{2}-\frac{7}{12}+\frac{15}{94}$$

$$=\frac{282-329+90}{282\times 2}=\frac{43}{564}$$

(ii) हल करें

$$\frac{5}{2}\div\left(\frac{7}{8}-\frac{7}{13}\right) \text{ का } \frac{1}{3}\left\{\frac{2}{3} \text{ का } \frac{6}{19}\left(\frac{13}{2}-\frac{17}{3}\right)+\frac{17}{6}\right\}$$

$$=\frac{5}{2}\div\left(\frac{91-56}{104}\right) \text{ का } \frac{1}{3}\left\{\frac{2}{3}\times\frac{6}{19}\left(\frac{39-34}{6}\right)+\frac{17}{6}\right\}$$

$$=\frac{5}{2}\div\frac{35}{104} \text{ का } \frac{1}{3}\left\{\frac{2}{3}\times\frac{6}{19}\times\frac{5}{6}+\frac{17}{6}\right\}$$

$$=\frac{5}{2}\div\frac{35}{104} \text{ का } \frac{1}{3}\left\{\frac{10}{57}+\frac{17}{6}\right\}$$

$$=\frac{5}{2}\div\frac{35}{104}\times\frac{1}{3}\left[\frac{20+323}{19\times 3\times 2}\right]$$

$$=\frac{5}{2}\div\frac{35}{312}\times\left\{\frac{343}{19\times 3\times 2}\right\}=\frac{5}{2}\times\frac{312}{35}\times\frac{343}{19\times 2\times 3}$$

$$=\frac{5}{2}\times\frac{312}{35}\times\frac{343}{19\times 3\times 2}=\frac{1274}{19}$$

(iii) हल करें

$2+\overline{2\times 2-2}$

$=2+\overline{4-2}$

$=2+2$

$=4$

□

6

घातांक व करणी

(a) घातांक (Indices) :

हम जानते हैं—

(i) $x^0 = 1$

(ii) $x^n = x.x.x.......n$ बार

(iii) $x^{-n} = \frac{1}{x^n}$

घातांक के नियम :

(i) $a^m.a^n = a^{m+n}$

(ii) $\frac{a^m}{a^n} = a^{m-n}$

(iii) $(a^m)^n = a^{mn}$

(iv) $(ab)^m = a^m b^m$

(v) $\left(\frac{a}{b}\right)^m = \frac{a^m}{b^m}$

हम $x^0 = 1$ को घातांक के नियम (ii) से सिद्ध कर सकते हैं :

$\frac{x^m}{x^m} = 1$

$\therefore x^{m-m} = 1$ (नियम (ii) से)

$\therefore x^0 = 1$

परिभाषाएँ (ii) और (iii) स्वयंसिद्ध हैं।

उदाहरण :

(i) $2^{10} \times 2^{11} = 2^{10+11} = 2^{21}$

(ii) $\frac{5^{15}}{5^{12}} = 5^{15-12} = 5^3$

(iii) $(10^3)^2 = 10^{3\times2} = 10^6$

(iv) $(2\times3)^3 = 2^3 \times 3^3 = 8\times27 = 216$

(v) $\left(\frac{5}{4}\right)^2 = \frac{5^2}{4^2} = \frac{25}{16}$

(b) करणी (Surd)

$\left[\frac{5}{4}\right]^2 = \frac{5^2}{4^2} = \frac{25}{16}$ आदि लिखते हैं।

$\therefore x^{\frac{1}{n}} = \sqrt[n]{x}$ लिखते हैं, यदि $n > 2$

तथा $x^{-\frac{1}{n}} = \frac{1}{x^{\frac{1}{n}}} = \frac{1}{\sqrt[n]{x}}$

उदाहरण : $\frac{1}{\sqrt{2}} = \frac{1}{\sqrt{2}}.\frac{\sqrt{2}}{\sqrt{2}} = \frac{\sqrt{2}}{2} = \frac{1.414}{2} = 0.707$

नोट : करणी का मान कभी हर में न लें, बल्कि हर को पहले परिमेय/प्राकृत संख्या में बदल लें तथा अंश में करणी का मान रखकर ही हल करें।

जैसे $\frac{1}{\sqrt{3}-\sqrt{2}}$ का मान निकालने के लिए

$$\frac{1}{\sqrt{3}-\sqrt{2}} = \frac{1}{\sqrt{3}-\sqrt{2}} \times \frac{\sqrt{3}+\sqrt{2}}{\sqrt{3}+\sqrt{2}} = \frac{\sqrt{3}+\sqrt{2}}{(\sqrt{3})^2-(\sqrt{2})^2} = \frac{\sqrt{3}+\sqrt{2}}{3-2}$$

$$= \frac{1.732+1.414}{1} = 3.146$$

करणी के नियम :

(i) $\sqrt[m]{x}\,\sqrt[n]{x} = \sqrt[\left(\frac{1}{m}+\frac{1}{n}\right)]{x}, \ x > 0$

(ii) $\dfrac{\sqrt[m]{x}}{\sqrt[n]{x}} = \sqrt[\left(\frac{1}{m}-\frac{1}{n}\right)]{x}, \ x > 0$

(iii) $\sqrt[m]{\sqrt[n]{x}} = x^{\frac{1}{m}\cdot\frac{1}{n}} = \sqrt[mn]{x}, \ x > 0$

(iv) $\sqrt[m]{xy} = \sqrt[m]{x}\,\sqrt[m]{y}$ यदि $x, y > 0$

(v) $\sqrt[m]{\dfrac{x}{y}} = \dfrac{\sqrt[m]{x}}{\sqrt[m]{y}}$ यदि $x, y > 0$

□

7

एक, द्वि व त्रि-चरीय समीकरण निकाय

(i) एकचरी समीकरण (Linear Euqation) : यदि a, b कोई दो वास्तविक संख्याएँ (अचर) हों $(a \neq 0)$ तो

$ax + b = 0$ जहाँ x एक चर संख्या है, का हल है—

$$x = \frac{-b}{a}$$

यदि $a = 0$ हो तो $a.x + b = 0 \Rightarrow b = 0$

$\therefore a = 0$ के लिए $ax + b = 0$ का कोई हल नहीं है।

(ii) द्विचरी समीकरण निकाय (Simultaneous Equation) : दो समीकरण

$$a_1x + b_1y = c_1$$
$$a_2x + b_2y = c_2$$

जहाँ $a_1, a_2, b_1, b_2, c_1, c_2 \in R$

तथा x, y चर हों तो यह द्विपदी समीकरण निकाय कहलाता है।

(a) यदि $a_1b_2 = a_2b_1 \Leftrightarrow \frac{a_1}{a_2} = \frac{b_1}{b_2}$ तो निम्नलिखित दो बातें होंगी—

(i) यदि $\frac{a_1}{a_2} = \frac{b_1}{b_2} = \frac{c_1}{c_2}$ तो अनंत हल होंगे। इसके लिए $a_1x + b_1y = c_1$

से $y = \frac{c_1 - a_1x}{b_1}$ समीकरण $a_2x + b_2y = c_2$ में रखते हैं और x का मान निकालते हैं। तो हल है—

$$x = \frac{b_2c_1 - b_1c_2}{a_1b_2 - a_1b_2}$$

$$y = \frac{c_2 b_1 - b_2 c_1 a_1 k b_2}{b_1 a_2}$$

(ii) यदि $\frac{a_1}{a_2} = \frac{b_1}{b_2} \neq \frac{c_1}{c_2}$ तो कोई हल नहीं।

(b) यदि $a_1 b_2 \neq a_2 b_1$ तो पहले समीकरण को a_2 तथा दूसरे को a_1 से गुणा करें और घटाएँ तो y का मान निकलेगा, जिसको किसी एक सभाकरण में रखकर x का मान प्राप्त कर सकते हैं। इस स्थिति में समीकरण का एक हल होगा।

(iii) त्रिचरीय समीकरण निकाय (Three Variable Equation) : निम्न पर विचार करें—

$$a_1 x + b_1 y + c_1 z = d_1 \ldots\ldots\ldots\ldots (1)$$
$$a_2 x + b_2 y + c_2 z = d_2 \ldots\ldots\ldots\ldots (2)$$
$$a_3 x + b_3 y + c_3 z = d_3 \ldots\ldots\ldots\ldots (3)$$

यहाँ x, y, z चर हैं तथा अन्य सभी वास्तविक अचर तो—

(a) यदि $a_1(b_2c_3 - b_3c_2) + a_2(b_3c_1 - b_1c_3) + a_3(b_1c_2 - b_2c_1) = 0$ तो या तो कोई हल नहीं या अनंत हल होंगे।

(b) यदि $a_1 (b_2c_3 - b_3c_2) + a_2 (b_3c_1 - b_1c_3) + a_3 (b_1c_2 - b_2c_1) \neq 0$ तो (1) और (2) से कोई एक चर, माना z को हटा देते हैं। इसी प्रकार (2) और (3) से z हटाकर हम दो x, y में समीकरण प्राप्त कर लेते हैं, जिनसे द्विपदी समीकरण निकाय की तरह हल करके x, y निकाल लेते हैं और इसका मान 1, 2, 3 में किसी एक में रखकर z निकालते हैं।

$\therefore x, y, z$ के मान इसके हल हैं।

□

8

इकाइयाँ तथा उनके रूपांतरण

1. हम लंबाई (दूरी) द्रव्यमान तथा समय के विभिन्न मापक और उन्हें मापने के लिए इकाइयाँ और उनके रूपांतरण यहाँ पढ़ेंगे।

आओ याद करें

मिली सेंटी डेसी

मीटर/ग्राम

डेका हेक्टो किलो

2. लंबाई की इकाइयाँ :

10 मिलीमीटर = 1 सेंटीमीटर

10 सेंटीमीटर = 1 डेसीमीटर

10 डेसीमीटर = 1 मीटर

10 मीटर = 1 डेकामीटर

10 डेकामीटर = 1 हेक्टोमीटर

10 हेक्टोमीटर = 1 किलोमीटर

उपर्युक्त से हम देख सकते हैं कि

1000 मिलीमीटर = 1 मीटर

10000000 सेंटीमीटर = 1 किलोमीटर

उदाहरण के लिए

1 किलोमीटर = 100 डेकामीटर

= 1000 मीटर

= 10000 डेसीमीटर

= 100000 सेंटीमीटर

= 1000000 मिलीमीटर

इसी प्रकार 1 हेक्टोमीटर

= 0.1 $(=\frac{1}{10})$ किलोमीटर
= 10 डेकामीटर
= 100 मीटर
= 1000 डेसीमीटर
= 10000 सेंटीमीटर
= 100000 मिलीमीटर

3. FPS प्रणाली से

12 इंच (12") = 1 फीट (1')
3 फीट (3') = 1 गज (yd)
1 फर्लांग = 660 फीट = 220 गज
1 मील = 8 फर्लांग = 1760 गज = 5280 फीट

4. क्षेत्रफल के मापक

1 वर्ग मी.=10.763 वर्ग फीट=100 सें.मी.×सें.मी. = 10000 वर्ग सें.मी.
1 वर्ग इंच = 6.4516 वर्ग सें.मी. = 645.16 वर्ग मि.मी.
1 वर्ग से.मी. = 0.1550 वर्ग इंच = 100 मि.मी^{2}
1 वर्ग गज = 1.19599 वर्ग मी. = 9 वर्ग फीट
1 ऐअर = 100 वर्ग मी. = 1076.36 वर्ग फीट
1 हेक्टेअर = 100 ऐअर = 2.4711 एकड़
1 एकड़ = 40.469 ऐअर = 0.40469 हेक्टेअर

5. आयतन के मापक

1000 मिलीलीटर= 1 लीटर
1000 लीटर = 1 किलोलीटर
1 गैलन = 4.54609 लीटर
1 लीटर = 0.2199 गैलन
1 घन फुट = 28.3168 लीटर
1 घन इंच = 0.01638 लीटर

6. द्रव्यमान मापक

10 मिलीग्राम (mg) = 1 सेंटीग्राम
10 सेंटीग्राम (cg) = 1 डेसीग्राम (decig)

10 डेसीग्राम (decig) = 1 ग्राम (g)
10 ग्राम (g) = 1 डेकाग्राम (dcg)
10 डेकाग्राम (dcg) = 1 हेक्टोग्राम (hg)
10 हेक्टोग्राम (hg) = 1 किलोग्राम (kg)
1000 ग्राम = 1 kg
1 क्विंटल = 100 kg.
1 मैट्रिक टन = 1000 kg.
1 पौंड = 0.4535 kg.

7. समय—1 दिन में 24 घंटे होते हैं तथा—

1 घंटा = 60 मिनट
1 मिनट = 60 सेकंड
1 घंटा 15 मिनट = सवा घंटा
2 घंटा 15 मिनट = सवा दो घंटे
2 घंटा 30 मिनट = ढाई घंटे
3 घंटा 30 मिनट = साढ़े तीन घंटे

सप्ताह के दिन हैं—

सोमवार मंगलवार बुधवार बृहस्पतिवार
शुक्रवार शनिवार रविवार (इतवार)

दिन—रात के 12 बजे शुरू होकर अगले 12 बजे समाप्त होता है। रात के 12 बजे से दिन दोपहर तक 12 बजे को क्रमशः 0 A.M. से 12 A.M. तथा दोपहर के 12 बजे से रात के 12 बजे को क्रमशः 0 P.M. से 12 P.M. कहते हैं।

8. रुपए-पैसे—

1 रुपया = 100 पैसे
0.50 रुपया = 50 पैसे
0.25 रुपया = 25 पैसे

अभी 25 पैसे के सिक्के का प्रचलन नहीं है और 50 पैसे के सिक्के का भी प्रचलन ना के बराबर है।

परंतु ₹1, ₹2, ₹5 सिक्के तथा नोट और 5 रुपए, 10 रुपए, 20 रुपए, 50 रुपए, 100 रुपए, 500 रुपए, 1000 रुपए के नोट प्रचलित हैं।

डेढ़ रुपया = 1.50 रुपया, ढाई रुपया = 2.50 रुपया
सवा रुपया = 1.25 रुपया, सवा दो रुपया = 2.25 रुपया
साढ़े तीन रुपया = 3.50 रुपया आदि बोली में प्रचलित हैं।

9. रोमन संख्या—

1 = I 2 = II

3	=	III	4	=	IV
5	=	V	6	=	VI
7	=	VII	8	=	VIII
9	=	IX	10	=	X
11	=	XI	12	=	XII

प्राय: घड़ियों में रोमन का प्रचलन रहा है, परंतु अब वह बदल रहा है।

रोमन संख्याओं में

L = 50, C = 100

D = 500, M = 1000 लिखते हैं।

उदाहरणार्थ 493 को रोमन में CDLIL III लिखेंगे।

87 = LXXXVII

1099 = MXCIX लिखेंगे।

10. माह एवं वर्ष

एक दिन पृथ्वी द्वारा अपनी अक्ष पर एक चक्कर लगाने का समय माना जाता है। 365.25 दिन का एक वर्ष है, जो 12 महीनों में विभाजित किया गया है। ये महीने हैं—

जनवरी 31 दिन	फरवरी 28 (या 29, यदि सन् 4 से विभाजित हो, जैसे कि वर्ष 2000, 2004, 2008 में फरवरी 29 दिन की थी। अब वह अगली बार वर्ष 2012 में फिर 29 दिन की होगी।)
मार्च	31 दिन
अप्रैल	30 दिन
मई	31 दिन
जून	30 दिन
जुलाई	31 दिन
अगस्त	31 दिन
सितंबर	30 दिन
अक्तूबर	31 दिन
नवंबर	30 दिन
दिसंबर	31 दिन

नोट : (i) जुलाई/अगस्त, दिसंबर/जनवरी लगातार ऐसे दो-दो महीने, जिनमें प्रत्येक में 31 दिन होते हैं।

(ii) 29 दिन के फरवरी वाले वर्ष में 366 दिन होते हैं तथा इसे लीप का वर्ष बोलते हैं।

(iii) एक सप्ताह में 7 दिन होते हैं। □

9

अनुपात, समानुपात और व्युत्क्रमानुपात

(i) अनुपात (Ratio) : यदि 1 रुपए में 2 केले आते हैं तो 2 रुपए में 4 आएँगे तथा 3 रुपए में 6, 4 रुपए में 8.... इत्यादि।

अब $\frac{1}{2}=\frac{2}{4}=\frac{3}{6}=\frac{4}{8}$ से हम देख सकते हैं कि जहाँ 1:2 का अर्थ है $\frac{1}{2}$ इत्यादि को अनुपात कहते हैं। 1:2 को एक अनुपात दो पढ़ेंगे।

(ii) समानुपात (Proportion) : उपर्युक्त उदाहरण में यदि x रुपए में y केले आए तो हम आसानी से देख सकते हैं कि—

$y \alpha x \Rightarrow y = kx$

या $\frac{y}{x} = 2$ क्योंकि $k = 2$

इस प्रकार जब एक वस्तु के बढ़ने पर दूसरी भी एक निश्चित अनुपात में बढ़े तो वे दोनों समानुपाती कहलाते हैं।

$y \alpha x \Leftrightarrow y = kx$

जहाँ k स्थिरांक, $(k \neq 0)$

यदि a, b, c और d समानुपाती हों तो $a : b :: c : d \Rightarrow a/b = c/d$

उदाहरण (a) यदि 5 पुस्तकें 100 रुपए में खरीदी जाती हैं तो 15 पुस्तकों का मूल्य बताओ?

5 : 100 = 15:x

जहाँ x रुपए 15 पुस्तकों का मूल्य है।

$\therefore \frac{5}{100}=\frac{15}{x}$

$\therefore 5x = 15\times100 \quad \therefore x = \frac{\cancel{15}^{3}\times100}{\cancel{5}}$

$\therefore x = 300$ रु.

(b) यदि 20 रुपए के 1 दर्जन केले आते हैं तो 50 रुपए में कितने दर्जन केले आएँगे ?

20 : 1 = 50 : x, जहाँ x = केले (दर्जन में)

$$\therefore \frac{20}{1} = \frac{50}{x} \Rightarrow 20x = 50$$

$$\therefore x = \frac{50}{20} = \frac{5}{2} = 2\frac{1}{2} \text{ दर्जन}$$

3. व्युत्क्रमानुपात (Inverse Proportion) : कुछ राशियाँ एक-दूसरे के विरुद्ध चलती हैं। जैसे किसी कार्य को 20 आदमी 2 दिन में करें तो 40 आदमी 1 दिन में करेंगे। क्यों ? आदमी और दिन व्युत्क्रमानुपात में है।

उपर्युक्त उदाहरण में 10 आदमी वही काम कितने दिन में करेंगे ? जब 20 आदमी उस काम को 2 दिन में करते हैं तो 10 आदमी (आधे) को वही काम करने में दोगुना समय लगेगा। क्यों ? कारण स्पष्ट है, 10 आदमी प्रतिदिन आधा काम (20 के मुकाबले) कर पाएँगे और समय दोगुना लगेगा। इससे स्पष्ट है कि काम और समय व्युत्क्रमानुपाती हैं।

माना राशि y और x व्युत्क्रमानुपाती है तो $y \alpha \frac{1}{x}$ लिखा जाता है।

$\Rightarrow y = k.\frac{1}{x}$, जहाँ k स्थिरांक है।

$\therefore xy = k$

उदाहरण : 5 मजदूर एक काम को 10 दिन में करते हैं तो 10 मजदूर वही काम कितने दिन में करेंगे ?

माना	मजदूर	दिन
	5 ↓	10 ↑
	10	x

5 : 10 = x : 10

$\therefore 5 \times 10 = 10 \times x \Rightarrow x = 5$ दिन

□

द्विघात समीकरण

1. $ax^2+bx+c=0$ के रूप का समीकरण जहाँ $a, b, c \in R$ तथा अचर हैं और x एक चर है, द्विघात समीकरण (Quadratic Equation) कहलाता है। इसमें $a=0$ के लिए $ax^2+bx+c=0 \Rightarrow bx+c=0$ तो यह $x=\frac{-c}{b}$ (यदि $b \neq 0$) एक ही हल है, क्योंकि दिया हुआ समीकरण तब द्विघात नहीं रहता।

यदि $a \neq 0$ तो $ax^2+bx+c=0$

$$\Rightarrow x^2+\frac{bx}{a}+\frac{c}{a}=0 \text{ (दोनों ओर a से भाग करने पर)}$$

$$\Rightarrow x^2+2\left(\frac{b}{2a}\right)x+\left(\frac{b}{2a}\right)^2=-\frac{c}{a}+\left(\frac{b}{2a}\right)^2$$

$$\Rightarrow \left(x+\frac{b}{2a}\right)^2=\frac{b^2-4ac}{4a^2}$$

$$\therefore x+\frac{b}{2a}=\pm\frac{\sqrt{b^2-4ac}}{2a}$$

$$\therefore x=\frac{-b\pm\sqrt{b^2-4ac}}{2a}$$

$\therefore ax^2+bx+c=0$ के दो हल, $\frac{-b+\sqrt{b^2-4ac}}{2a}$ तथा

$\frac{-b-\sqrt{b^2-4ac}}{2a}$ है।

जहाँ $D=b^2-4ac$, को विवक्तर (Discriminant) कहते हैं,

(i) $D = 0$ तो $x = \frac{-b}{2a}, \frac{-b}{2a}$, दो बराबर तथा वास्तविक हल होंगे।

(ii) $D > 0$ तो $x = \frac{-b \pm \sqrt{D}}{2a}$ दो वास्तविक और असमान हल हैं।

(iii) $D < 0$ तो कोई वास्तविक हल नहीं है।

2. माना $\alpha = \frac{-b + \sqrt{D}}{2a}, \beta = \frac{-b - \sqrt{D}}{2a}$

तो $\alpha + \beta = \frac{-b}{a}$ तथा $\alpha\beta = \frac{c}{a}$

सूत्र याद करें—

$$(a - b) = \sqrt{(a + b)^2 - 4ab}$$
$$a^2 + b^2 = (a + b)^2 - 2ab$$
$$a^3 + b^3 = (a + b)\,(a^2 + b^2 - ab)$$
$$a^3 - b^3 = (a - b)\,(a^2 + b^2 + ab)$$
$$= \sqrt{(a + b)^2 - 4ab}\left[(a + b)^2 - ab\right]$$

3. गुणनखंड विधि (Factor Method) से द्विघात समीकरण हल करना:

यदि $ax^2 + bx + c = 0$ के मूल α, β हो तो

$ax^2 + bx + c \equiv a(x - \alpha)(x - \beta) = 0$ से द्विघात समीकरण हल होता है।

किसी द्विघात समीकरण के गुणनखंड के लिए मुख्यत: निम्न तरीका अपनाया जाता है—

$ax^2 + bx + c = 0$ में b के ऐसे दो भाग करें कि उनका योग (उलटे चिह्न पर यह घटा हो जाता है) = b तथा दोनों भागों की गुणा = ac

दोनों भागों का योग b के स्थान पर रखते हैं तथा जोड़े बनाकर नीचे के उदाहरणों की तरह गुणनखंड करते हैं, जिनसे समीकरण के मूल प्राप्त किए जा सकते हैं।

उदाहरण 1 : $3x^2 + 8x + 4$ के गुणनखंड करें ?

$3x^2 + 8x + 4$ में $8 = 6+2$ रखने पर

$3x^2 + 8x + 4 = 3x^2 + (6+2)\,x + 4$

$=3x^2+6x+2x+4$
$=3x(x+2)+2(x+2)$
$=(x+2)(3x+2)$

उदाहरण 2 : $x^2+3x-10$ के गुणनखंड करने के लिए

$x^2+3x-10$ क्योंकि 3 = 5 − 2
$=x^2+(5-2)x-10$ तथा 5x − 2 = −10
$=x^2+5x-2x-10$
$=x(x+5)-2(x+5)$
$=(x+5)(x-2)$

उदाहरण 3 : $2x^2+3x+1$ के गुणनखंड प्राप्त करने के लिए

$2x^2+3x+1$ **क्योंकि** 3 = 2 + 1
$=2x^2+(2+1)x+1$ तथा 2 × 1 = 2
$=2x^2+2x+x+1$
$=2x(x+1)+1(x+1)$
$=(x+1)(2x+1)$

4. पूर्ण वर्ग विधि (Completing the Square) से गुणनखंड करना : ऊपर (i) में दी हुई विधि के नीचे उदाहरण लें :

माना $2x^2+5x+2=0$ को पूर्ण वर्ग विधि से हल करना है तो $2x^2+5x+2=0$ को पहले x^2 के गुणक = 2 से दोनों ओर भाग करते हैं।

$$\therefore\ 2x^2+5x+2=0 \Rightarrow x^2+\frac{5}{2}x+1=0$$

$$\Rightarrow x^2+\frac{5}{2}x=-1$$

अब x के गुणक के आधे का वर्ग $\left(\frac{5}{4}\right)^2$ दोनों ओर जोड़ने पर

$$\therefore\ x^2+\frac{5}{2}x+\left(\frac{5}{4}\right)^2=\left(\frac{5}{4}\right)^2-1$$

$$\Rightarrow \left(x+\frac{5}{4}\right)^2=\frac{25-16}{16}=\frac{9}{16}$$

$$\Rightarrow \left(x+\frac{5}{4}\right)^2=\left(\frac{3}{4}\right)^2 \Rightarrow x+\frac{5}{4}=\pm\frac{3}{4}$$

$$\therefore x = \frac{-5}{4} \pm \frac{3}{4} = \frac{-5}{4} + \frac{3}{4}, -\frac{5}{4} - \frac{3}{4}$$

$$x = \frac{-2}{4}, \frac{-8}{4} \Rightarrow x = \frac{-1}{2}, -2$$

उदाहरण : माना $4x^2 + 18x + 9 = 0$ का हल करना हो तो पहले x^2 के गुणक = 4 से भाग करेंगे।

$$\therefore x^2 + \frac{9}{2}x + \frac{9}{4} = 0$$

$$\Rightarrow x^2 + \frac{9}{2}x \quad = -\frac{9}{4}$$

दोनों ओर $\left(\frac{9}{4}\right)^2$ जोड़ने पर—

$$x^2 + \frac{9}{2}x + \left(\frac{9}{4}\right)^2 = \left(\frac{9}{4}\right)^2 - \frac{9}{4}$$

$$\Rightarrow \left(x + \frac{9}{4}\right)^2 = \frac{81 - 36}{16} = \frac{45}{16}$$

$$\therefore \left(x + \frac{9}{4}\right)^2 = \frac{45}{16}$$

$$\Rightarrow \left(x + \frac{9}{4}\right)^2 = \left(\frac{3\sqrt{5}}{4}\right)^2$$

$$\therefore x + \frac{9}{4} = \pm \frac{3\sqrt{5}}{4}$$

$\therefore x = \dfrac{-9 \pm 3\sqrt{5}}{4}$ अभीष्ट हल है। □

वर्ड प्रॉब्लम्स

1. एक पिता की वर्तमान उम्र पुत्र की वर्तमान उम्र से 5 गुनी है तथा 5 वर्ष बाद उसकी उम्र पुत्र की उम्र का 3 गुना होगी। दोनों की वर्तमान उम्र ज्ञात करो।

हल : माना पुत्र की वर्तमान उम्र = x वर्ष

तो पिता की वर्तमान उम्र = $5x$ वर्ष

5 वर्ष बाद पुत्र की उम्र = $x + 5$ वर्ष

तथा 5 वर्ष बाद पिता की उम्र = $5x + 5$ वर्ष

अब $5x + 5 = 3(x+5)$

$\Rightarrow 5x + 5 = 3x + 15$

$\therefore 5x - 3x = 15 - 5$

$\Rightarrow 2x = 10$

$\therefore x = 5$ वर्ष

$\therefore$ पिता की वर्तमान उम्र = $5x = 5 \times 5 = 25$ वर्ष

तथा पुत्र की वर्तमान उम्र = 5 वर्ष

2. एक नाव नदी के बहाव के विपरीत 30 कि.मी. 2½ घंटे में तथा बहाव की दिशा में 1 घंटा 40 मिनट में तय करती है। तो नाव की चाल शांत जल में तथा बहाव की चाल ज्ञात करो?

हल : माना बहाव की चाल = x km/hr

तथा शांत जल में नाव की चाल = y km/hr

तो बहाव की दिशा में नाव की चाल = $y + x$ km/hr

तथा बहाव के विपरीत नाव की चाल = $y - x$ km/hr

$\therefore \frac{\text{दूरी}}{\text{समय}} = \text{चाल से} \Rightarrow \frac{\text{दूरी}}{\text{चाल}} = \text{समय}$

$\frac{30}{y+x} = 1\frac{2}{3}$ घंटा (1 घंटा 40 मिनट $= 1\frac{2}{3}$ hr.)

$\frac{30}{x+y} = \frac{5}{3}$

$\therefore y + x = \frac{90}{5} = 18$

$\therefore y + x = 18 \ldots\ldots (1)$

तथा $\frac{30}{\text{y} - \text{x}} = 2\frac{1}{2}$ घंटा $= \frac{5}{2}$

$\therefore y - x = 30 \times \frac{2}{5} = 12$

$\therefore y - x = 12 \ldots\ldots\ldots (2)$

(1) तथा (2) को जोड़ने पर $2y = 30 \Rightarrow y = 15$ km/hr

तथा $y + x = 18$ में $y = 15$ रखने पर

$15 + x = 18 \Rightarrow x = 3$ km / hr

$\therefore$ नाव की चाल = 15 km/hr

तथा बहाव की चाल = 3 km/hr

□

प्रतिशतता व लाभ-हानि

1. **प्रतिशतता (Percentage) :** प्रतिशत का अर्थ है कि 100 के लिए।

उदाहरण : (a) 10, 50 के लिए कितना प्रतिशत है?

प्रतिशत : $\frac{10}{50} \times 100\% = 20\%$

(b) 50 रु. 250 रु. का कितने प्रतिशत है?

प्रतिशत : $\frac{50}{250} \times 100\% = 20\%$

(c) 1,000 रु. का 5% ज्ञात करो।

1,000 रु. × $\frac{5}{100} = 50$ रु.

(d) 200 कॉपियों का 15% ज्ञात करो।

200 का 15%

= 200 × $\frac{15}{100}$ कॉपियाँ

= 30 कॉपियाँ

नियम : (i) 'का' हटाकर × का चिह्न लगाएँ

(ii) % लगाने के लिए 100 से गुणा करें तथा % हटाने के लिए 100 से भाग करें।

2. लाभ-हानि (Profit and Loss) : व्यापार करने से लाभ या हानि % में ज्ञात करते हैं।

(a) क्रय मूल्य (Cost Price) : व्यापारी जिस दाम पर किसी वस्तु को खरीदता है, वह उसका 'क्रय मूल्य' कहलाता है। बाद में होनेवाले अन्य खर्च

(Overheads) भी इसमें जोड़े जाते हैं।

(b) विक्रय मूल्य (Selling Price) : व्यापारी जिस मूल्य पर ग्राहक को वस्तु बेचता है, वह 'विक्रय **मूल्य**' कहलाता है।

विक्रय मूल्य = क्रय मूल्य + लाभ

या विक्रय मूल्य = क्रय मूल्य – हानि

(ii) लाभ/हानि :

कुल लाभ = विक्रय मूल्य – क्रय मूल्य

कुल हानि = क्रय मूल्य – विक्रय मूल्य

$$\% \text{ लाभ/हानि} = \frac{\text{कुल लाभ/हानि}}{\text{क्रय मूल्य}} \times 100\%$$

उदाहरण : (a) एक व्यापारी 150 रुपए में कोई वस्तु खरीदकर 25 रुपए अतिरिक्त खर्च (Overheads) करता है और वस्तु को 225 रु. में बेचता है। उसका प्रतिशत लाभ बताओ?

हल : क्रय मूल्य = 150 रुपए, अतिरिक्त खर्च = 25 रुपए

∴ कुल क्रय मूल्य = 150 + 25

= 175 रुपए

विक्रय मूल्य = 225 रुपए

∴ कुल लाभ = 225–175

= 50 रु.

$$\therefore \% \text{ लाभ} = \frac{\text{कुल लाभ}}{\text{कुल क्रय मूल्य}} \times 100\%$$

$$= \frac{\cancel{50}^{\cancel{10}^{2}}}{\cancel{175}_{\cancel{35}_{7}}} \times 100 = \frac{200}{7}\% = 28\frac{4}{7}\%$$

(b) यदि एक पुस्तक विक्रेता 75 रु. प्रति पुस्तक की दर से 5 पुस्तकें खरीदता है और 125 रु. प्रति पुस्तक की दर से बेचता है तो उसका कुल लाभ तथा % लाभ ज्ञात करो?

हल : प्रति पुस्तक 75 रु. दर से 5 पुस्तकों का कुल क्रय मूल्य

= 75 × 5 = 375 रु.

तथा 125 रु. प्रति पुस्तक की दर से 5 पुस्तकों का विक्रय मूल्य

= 125 × 5 = 625 रु.

∴ कुल लाभ = 625 − 375

= 250 रु.

$$\% \text{ लाभ } = \frac{250}{375} \times 100\% = \frac{200}{3} = 66\frac{2}{3}\%$$

□

13

साधारण ब्याज और चक्रवृद्धि ब्याज

1. साधारण ब्याज (Simple Interest) : यदि P रुपए t समय तक r% प्रतिवर्ष के लिए साधारण ब्याज पर कर्ज दिया जाए तो साधारण ब्याज की राशि (SI) होगी।

$$S.I. = \frac{P\,r\,t}{100}$$

यहाँ P = मूलधन

t = समयावधि

r% = प्रतिशत ब्याज की वार्षिक दर

तथा A = P + SI

जहाँ A = मिश्र धन

उदाहरण : माना 500 रुपए का कर्ज 10% वार्षिक साधारण ब्याज की दर पर 5 वर्ष को दिया जाए तो

$S.I. = \frac{P\,r\,t}{100}$ से

P = 500 रु., r = 10% वार्षिक, t = 5 वर्ष

$$\therefore SI = \frac{500 \times 10 \times 5}{100} = 250 \text{ रुपए}$$

2. चक्रवृद्धि ब्याज (Compound Interest) : यदि प्रति इकाई समय अंतराल (जैसे 1 वर्ष, ½ वर्ष या 3 महीने आदि) में ब्याज को मूल धन के साथ जोड़कर आगे उस पर ब्याज लगे और इसी प्रकार संपूर्ण समय में हो तो यह चक्रवृद्धि दर पर ब्याज प्राप्त होगा।

माना P रुपया n समय अंतराल तक r% प्रति समय अंतराल चक्रवृद्धि ब्याज

से धनराशि दी जाए और अंत में A रुपए मिश्रधन प्राप्त हो तो

$$A = P\left(1+\frac{r}{100}\right)^n$$

चक्रवृद्धि ब्याज (Compound Interest = CI)

$$C.I. = A - P$$

$$= P\left(1+\frac{r}{100}\right)^n - P$$

उदाहरण के लिए; यदि 1,000 रुपए 10% वार्षिक दर से 2 वर्ष को प्रति छमाही ब्याज से दिया जाए तो

P = 1,000 रु., r = 10% वार्षिक = 5% प्रति छमाही

n = 2 वर्ष = 4 छमाही

$$\therefore A = P\left(1+\frac{r}{100}\right)^n$$

$$= 1000\left[1+\frac{\cancel{5}^{\,1}}{\cancel{100}_{20}}\right]^4$$

$$= 1000 \times \frac{21}{20} \times \frac{21}{20} \times \frac{21}{20} \times \frac{21}{20}$$

A = 1,215.51 रुपए

$$\therefore C.I. = A - P$$

$$= 1215.51 - 1000$$

C.I. = 215.51 रुपए

- ब्याज दर छमाही हो तो समय दुगुना तथा दर को दो से भाग दें।
- ब्याज दर तिमाही हो तो समय को चार से गुणा करें तथा दर को चार से भाग दें।

□

14

भागीदारी

जब दो या अधिक लोग मिलकर व्यापार करें तो वे हिस्सेदार (Partner) या भागीदार कहलाते हैं। व्यापार में हिस्सेदार जिस अनुपात में पूँजी (Capital) निवेश करते हैं, उसी अनुपात में मालिकाना हक व लाभ–हानि के हिस्सेदार होते हैं।

उदाहरण : (a) यदि A और B क्रमशः 15,000 और 30,000 रुपए से व्यापार करते हैं और वर्ष के अंत में 6,000 रुपए शुद्ध लाभ प्राप्त करते हैं तो उनका लाभांश ज्ञात करो?

हल : A : B का पूँजी अनुपात = 15,000 : 30,000

= 1:2

कुल = 1 + 2 = 3

कुल लाभ = 6,000 रु.

$\therefore$ A का हिस्सा = $\frac{1}{3} \times 6{,}000$

= 2,000 रुपए

तथा B का हिस्सा = $\frac{2}{3} \times 6{,}000$

= 4,000 रुपए

(b) यदि मनमोहन, राम और अहमद क्रमशः 20,000 रु., 30,000 रु. तथा 50,000 रु. पूँजी निवेश से व्यापार शुरू करते हैं तथा वर्ष के अंत में 30,000 रुपए लाभ प्राप्त करते हैं, जिसमें से 9,000 रुपए टैक्स अदा करते हैं। प्रत्येक को कितना वार्षिक लाभांश मिला?

हल : मनमोहन : राम : अहमद = 20,000 : 30,000 : 50,000

= 2 : 3 : 5

∴ कुल अनुपात = 2 + 3 + 5 = 10

अब 30,000 रुपए लाभ में से 9,000 रुपए टैक्स देने के बाद

बाँटने योग्य कुल लाभ = 30,000–9,000

= 21,000 रु.

∴ मनमोहन का लाभ हिस्सा = $\frac{2}{10} \times 21{,}000$

= 4,200 रुपए

राम का लाभ हिस्सा = $\frac{3}{10} \times 21{,}000$

= 6,300 रुपए

अहमद का लाभ हिस्सा = $\frac{5}{10} \times 21{,}000$

= 10,500 रुपए

□

शेयर एवं लाभांश

1. शेयर (Share) : जब पूँजी की उद्योग आदि में बहुत बड़ी आवश्यकता हो तो वह शेयर बाजार से शेयरों के रूप में प्राप्त की जाती है। माना एक उद्योगपति 1,000 करोड़ रुपए के एक उद्योग में 200 करोड़ रुपए अपनी पूँजी, 400 करोड़ रुपए बैंक/पूँजी संस्थाओं आदि से लेकर शेष 400 करोड़ शेयर बाजार से 100 रुपए के प्रति शेयर के रूप में प्राप्त करता है। शेयर बाजार में शेयर का मूल्य 100 रुपए से कम भी हो सकता है तथा अधिक भी। यह 'बाजार मूल्य' कहलाता है।

(a) सममूल्य (Par Value) : कंपनी द्वारा निर्धारित मूल्य, जैसे ऊपर के उदाहरण में 100 रुपए है, शेयर का 'सममूल्य' (Par Value) कहलाता है। यह नहीं बदलता।

(b) बाजार मूल्य (Market Value) : जिस कीमत पर शेयर बाजार में बिकता है, शेयर का 'बाजार मूल्य' कहलाता है और यह बदलता रहता है।

(c) पूँजी स्टॉक (Capital Stock) : खरीदे हुए शेयरों का कुल 'सममूल्य'।

(d) लाभांश दर : प्रतिशत वार्षिक लाभांश, जो एक शेयरधारक को मिलता है।

2. लाभांश (Debenture) : ये कंपनी द्वारा प्राप्त कर्ज (Loan) हैं, जिन पर प्राप्त लाभांश ब्याज दर के रूप में अंकित होता है। इन्हें यही लाभांश मिलता है तथा डिबेंचर धारक कंपनी के मालिक नहीं होते। यदि कंपनी दिवालिया घोषित होती है तो शेयरधारकों से पहले डिबेंचर धारकों को Loan कोर्ट सैटलमेंट (Court Settlement) में पहले हक मिलता है।

शेयर/डिबेंचर का लेन-देन करते हुए हमें दलालों को दलाली देनी होती है जो कभी 1/8 भाग या कभी 1% होती है। दलाल दोनों तरफ (खरीदार व बिकवाल-Buyer or Seller) से यह लेते हैं।

विश्व के विभिन्न शेयर मार्किट जैसे बॉम्बे स्टॉक एक्सचेंज, NSE आदि अब पूरी तरह कंप्यूटराइज्ड हैं तथा क्षण-क्षण पर उनकी खरीदारी-बिकवाली कंप्यूटर, टी.वी., अखबारों आदि से दुनिया के कोने-कोने में पहुँचती रहती है।

□

16

सरल ज्यामिति, सरल रेखा, कोण, समानांतर रेखाएँ

1. सरल ज्यामिति

(a) बिंदु (Point) : एक ऐसी स्थित आकृति जिसमें लंबाई, चौड़ाई, ऊँचाई न हो, 'बिंदु' कहलाता है।

आदर्श बिंदु संभव नहीं है, सापेक्षित बिंदु को बिंदु लेते हैं।

(b) तल (Plane) : पेपर को चारों ओर अनंत तक बढ़ाकर तल प्राप्त किया जा सकता है। इसका विशेष गुण है कि तल का प्रत्येक बिंदु दो परस्पर लंबवत् अक्ष खींचकर दो निदेशांकों से प्राप्त किया जा सकता है।

(c) अभिगृहीत (Axiom) : ये स्वयंसिद्ध एवं बिना परिभाषा दिए समझे जा सकते हैं।

(d) प्रमेय (Theorems) : अभिगृहीत तथा अन्य लॉजिक आदि से इन्हें सिद्ध किया जाता है।

(e) रेखाखंड (Line-Segment) : दो बिंदुओं के बीच की निश्चित दूरी को रेखाखंड कहते हैं। जैसे $\overline{AB}$ = A———B

(f) रेखा (Line) : दो बिंदुओं को मिलाने और दोनों ओर अनंत तक बढ़ाने से रेखा प्राप्त होती है।

जैसे $\overline{AB}$ = ←A———B→

(g) किरण (Rays) : एक बिंदु से चलकर दूसरे बिंदु तक अनंत तक जाने वाली रेखा किरण कहलाती है।

जैसे $\overline{AB}$ = A———B→

2. अभिगृहीत-बिंदु रेखा (Axioms of Point Line) :

(a) किन्हीं दो बिंदुओं से होकर केवल एक सरल रेखा खींची जा सकती है।

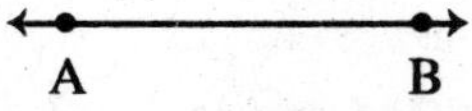

(b) दो सरल रेखाएँ कभी भी एक से अधिक बिंदु पर नहीं काट सकतीं।

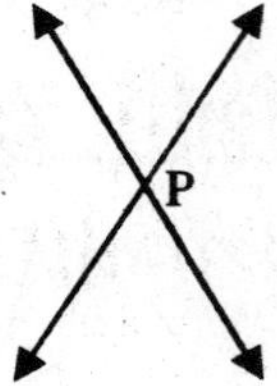

नोट : यदि दो रेखाएँ समानांतर हैं तो वे अनंत पर एक-दूसरे को काटती हैं (अर्थात् वे कभी नहीं काटतीं)।

(c) प्रत्येक रेखाखंड स्वयं अपने बराबर होता है।

$\therefore$ रेखाखंड AB = $\overline{AB}$ A———B

(d) यदि $\overline{AB} = \overline{CD}$ तथा $\overline{CD} = \overline{EF}$ तो

$\overline{AB} = \overline{EF}$

(f) दो तल या तो संपाती (Coincident) होते हैं या अधिक-से-अधिक एक रेखा में काटते हैं।

3. कोण (Angle) : यदि एक बिंदु से दो रेखा किरण खींची जाए तो कोण बनता है।

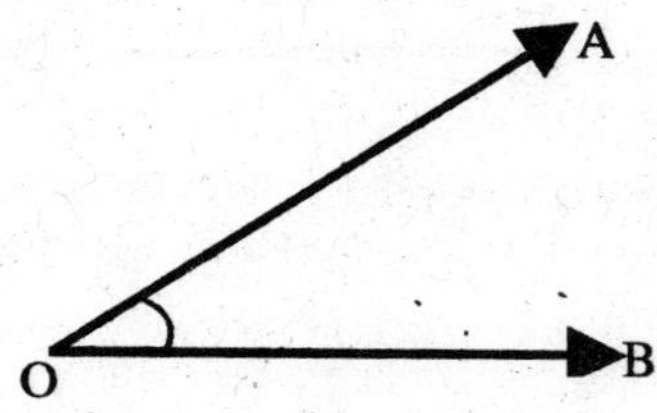

$\angle$ AOB में बिंदु O शीर्ष (Vertex) तथा OA, OB कोण की भुजाएँ कहलाती हैं।

कोण निम्न प्रकार के होते हैं :

(a) **न्यूनकोण (Acute Angle)** = 0^0 से 90^0 के बीच का कोण न्यूनकोण कहलाता है।

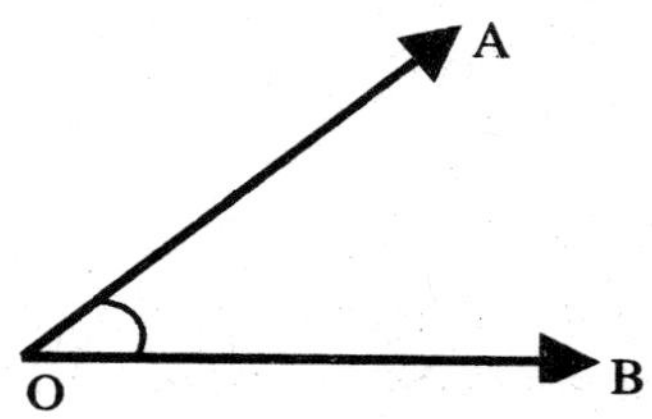

(b) **समकोण (Right Angle)** = 90^0 के बराबर मान का कोण समकोण कहलाता है।

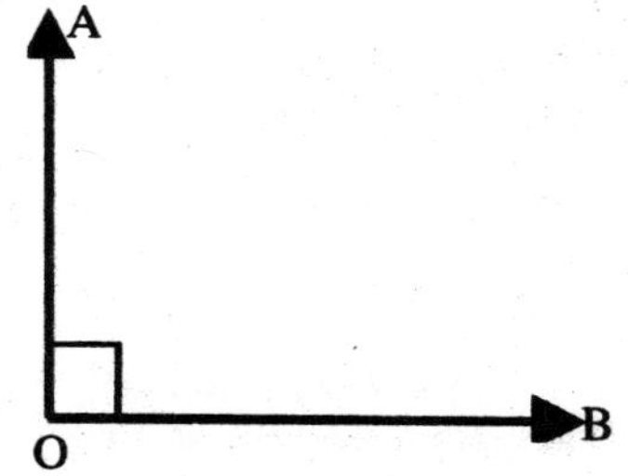

(c) **अधिक कोण (Obtuse Angle)** = 90^0 से 180^0 के बीच का कोण अधिक कोण है।

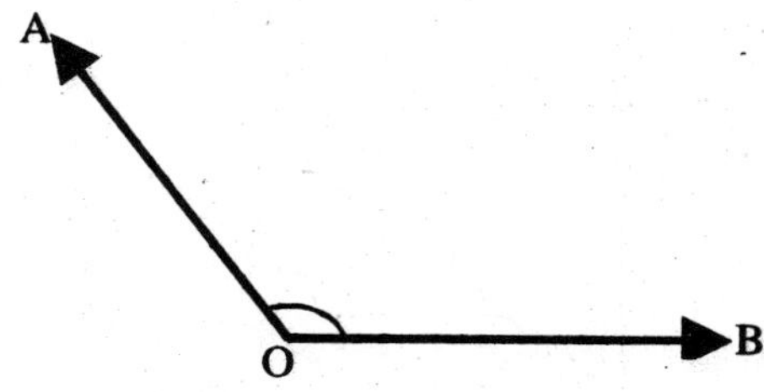

(d) **सरल कोण (Straight Angle)** : 180^0 का सरल रेखा पर बना कोण सरल कोण कहलाता है।

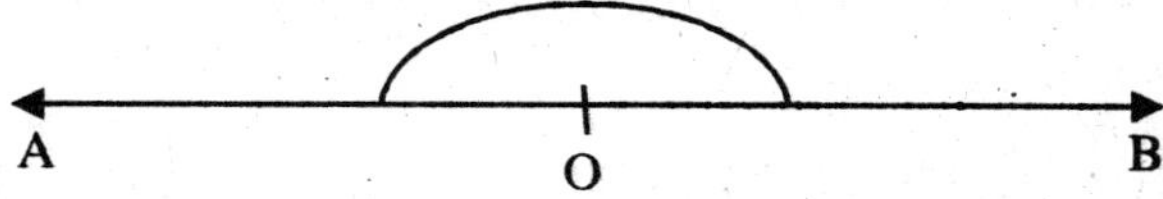

(e) बृहत् कोण (Reflex Angle) : = 180^0 से 360^0 के बीच

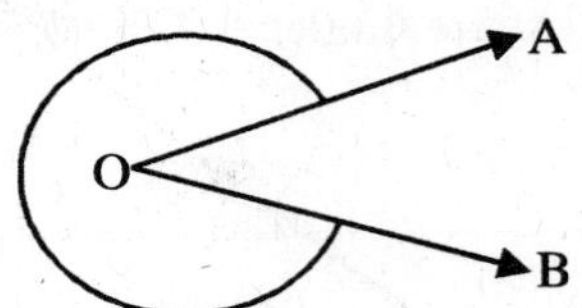

4. कुछ और परिभाषाएँ :

(a) संलग्न कोण (Adjacent Angle) : जब दो कोणों की एक भुजा संलग्न या Common हो तो वे 'संलग्न कोण' कहलाते हैं।

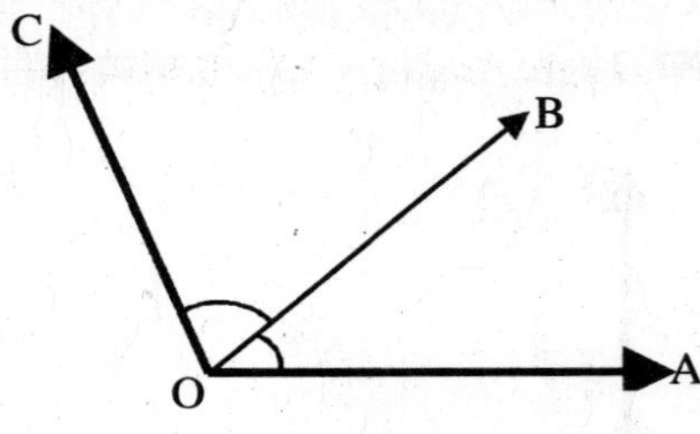

$$\angle AOC = \angle AOB + \angle BOC$$

(b) पूरक कोण (Complementary Angle) : जब दो कोणों का योग = 90^0 हो तो वह 'पूरक कोण' कहलाता है।

$\theta + \phi = 90^0$

तो θ, ϕ पूरक कोण है।

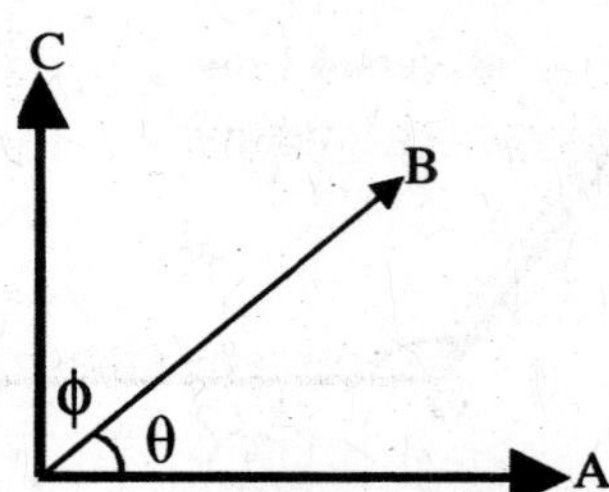

(c) रेखीय युग्म (Linar Pair) : यदि दो रेखाएँ एक-दूसरे से इस तरह मिलें कि उस पर बनने वाले कोणों का योग 180^0 हो तो वे रेखीय युग्म बनाते हैं।

यदि $\theta + \phi = 180^0$

तो θ, ϕ रेखीय युग्म है।

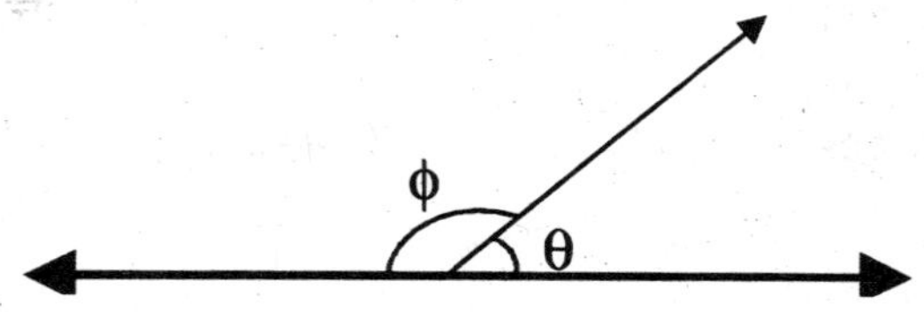

इनको Supplementary angles भी कहते हैं।

यदि दो कोणों का योग 180^0 हो तो वे Supplementary angles (संपूरक कोण) कहलाते हैं।

(d) कोण समद्विभाजक (Angle Bisector) : यदि कोई रेखा किरण एक कोण को दो बराबर हिस्सों में बाँटे तो वह कोण समद्विभाजक कहलाती है।

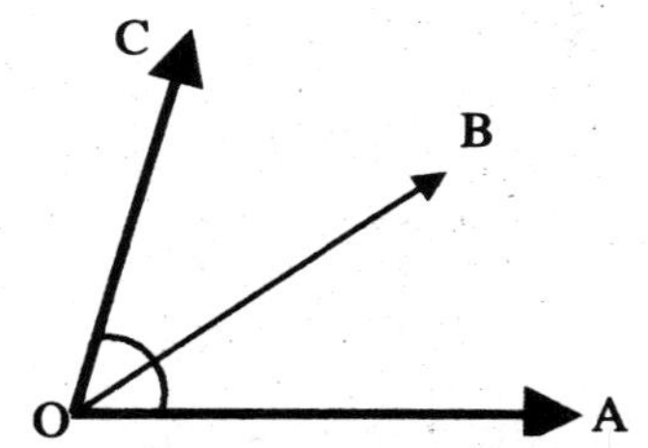

OB कोण $\angle AOC$ की समद्विभाजक है, यदि $\angle AOB = \angle BOC$

(5) (a) समानांतर रेखाएँ (Parallel Lines) : यदि कोई दो रेखाएँ इस प्रकार हों कि उन्हें दोनों तरफ बढ़ाने पर वे नहीं मिलतीं (या अनंत पर मिलती हैं) तो उन्हें 'समानांतर रेखा' कहते हैं।

(b) तिर्यक रेखा (Transversal Line) : यदि दो समांतर रेखाओं को एक रेखा काटती है तो वह 'तिर्यक रेखा' कहलाती है।

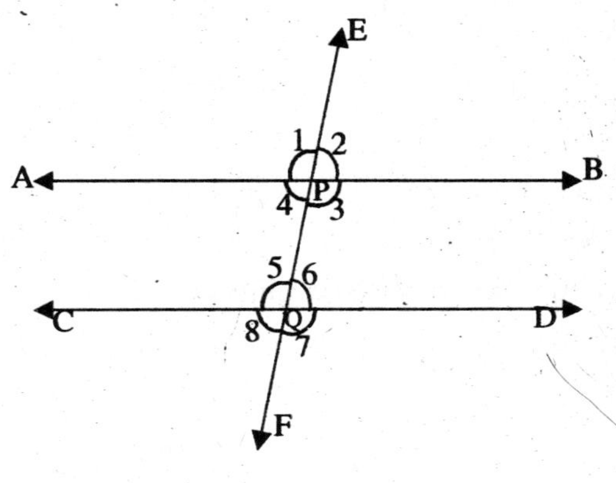

AB, CD को P, Q पर काटनेवाली EF तिर्यक रेखा है। हम निम्नलिखित कोण परिभाषित करेंगे—

(i) आमने-सामने के कोण (Vertically Opposite Angles) : यदि कोई दो रेखाएँ एक-दूसरे को काटती हैं तो इस प्रकार बने आमने-सामने के कोण समान होते हैं।

$\therefore \angle 1 = \angle 3, \angle 2 = \angle 4$

$\angle 5 = \angle 7, \angle 6 = \angle 8$

(ii) संगत कोण (Corresponding Angles) : यदि दो रेखाएँ (AB, CD) को एक तिर्यक रेखा EF काटे तो 4 जोड़े संगत कोण प्राप्त होते हैं।

$\angle 1 = \angle 5 \qquad \angle 2 = \angle 6$

$\angle 3 = \angle 7 \qquad \angle 4 = \angle 8$

इनमें से यदि कोई एक जोड़ा आपस में समान हो तो बाकी सारे भी समान होंगे तथा रेखा AB, CD समानांतर (AB||CD) होंगी।

अर्थात् यदि $\angle 4 = \angle 8$ तो AB||CD

तथा $\angle 1 = \angle 5, \angle 2 = \angle 6, \angle 3 = \angle 7$

या

यदि AB|| CD तो $\angle 1 = \angle 5, \angle 2 = \angle 6, \angle 3 = \angle 7, \angle 4 = \angle 8$ या यदि उपर्युक्त जोड़ों में कोई एक भी असमान हो तो AB $\nparallel$ CD तथा बाकी जोड़े भी असमान होते हैं।

अर्थात् यदि $\angle 1 \neq \angle 5$ तो AB $\nparallel$ CD तथा $\angle 2 \neq \angle 6, \angle 3 \neq \angle 7, \angle 4 \neq \angle 8$

(iii) एकांतर कोण (Alternate Angles) : यदि रेखा AB, CD को एक तिर्यक रेखा EF काटे (चित्र देखें) तो एकांतर कोणों के निम्न जोड़े होंगे।

बाह्य एकांतर कोण $\angle 1 = \angle 7$; $\angle 2 = \angle 8$

अंत: एकांतर कोण $\angle 4 = \angle 6$; $\angle 3 = \angle 5$

यदि इनमें से कोई एक एकांतर कोण का जोड़ा आपस में बराबर हो तो बाकी सभी भी बराबर होंगे तथा AB||CD अर्थात् यदि $\angle 2 = \angle 8$ तो

$\angle 1 = \angle 7 \quad \angle 4 = \angle 6, \angle 3 = \angle 5$ तथा AB|| CD

या यदि AB||CD तो

$\angle 1 = \angle 7$, $\angle 2 = \angle 8$, $\angle 4 = \angle 6$, $\angle 3 = \angle 5$ या

यदि एक एकांतर कोण का जोड़ा असमान हो तो बाकी सभी जोड़े असमान होंगे। जैसे $\Rightarrow \angle 4 \neq \angle 6$ तो $\angle 1 \neq \angle 7, \angle 2 \neq \angle 8, \angle 3 \neq \angle 5$ तथा $AB \nparallel CD$

इसी प्रकार यदि $AB \nparallel CD$

$\Rightarrow \angle 1 \neq \angle 7, \angle 2 \neq \angle 8, \angle 3 \neq \angle 5, \angle 4 \neq \angle 6$

(iv) अंतः कोण : यदि रेखा AB, CD को त्रियक रेखा EF काटे तो $\angle 3$, $\angle 6$ तथा $\angle 4$, $\angle 5$

यहाँ यदि $AB \parallel CD \Leftrightarrow \angle 3 + \angle 6 = 180^{O}$ तथा $\angle 4 + \angle 5 = 180^{0}$ और

$AB \nparallel CD \Leftrightarrow \angle 3 + \angle 6 \neq 180^{\circ}$ तथा $\angle 4 + \angle 5 \neq 180^{\circ}$

दो रेखाओं के समांतर होने की शर्तें—

(i) संगत कोणों का युग्म बराबर होगा।

(ii) एकांतर कोणों का युग्म बराबर होगा।

(iii) तिर्यक रेखा के एक ओर के अंतकोण का योग 180^{0} होगा।

□

17

निर्देशांक ज्यामिति

(i) एक तल को दो लंबवत् काटनेवाली रेखाओं के द्वारा चार अर्धतलों (Quadrants) में बाँटकर कटान बिंदु को O (0,0) से प्रदर्शित करें तथा पड़ी हुई रेखा (अक्ष) को x-अक्ष तथा लंब अक्ष को y-अक्ष कहें। उचित पैमाने दोनों अक्षों पर लेकर ग्राफ बनाएँ, जैसा कि नीचे चित्र में दिया है—

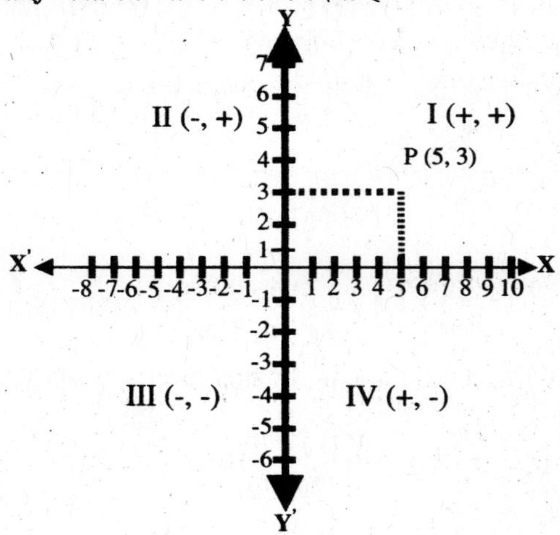

x- अक्ष पर OX (O से दाईं ओर) धनात्मक तथा OX' (O से बाईं ओर) x का मान ऋणात्मक लें तथा OY (O से ऊपर) y को धनात्मक तथा OY' (O से नीचे) y का ऋणात्मक लें तो कोई भी बिंदु इस तल में दो संख्याओं (x, y) द्वारा प्राप्त किया जा सकता है, जिन्हें 'निर्देशांक' (Co-ordinate) कहते हैं।

उदाहरण के लिए P (5, 3) प्राप्त करने के लिए X- अक्ष में O से दाईं ओर 5 इकाई चलें, फिर Y-अक्ष के समानांतर X- अक्ष के लंबवत् 3 इकाई चलें तो बिंदु P (5, 3) प्राप्त होगा।

अर्धतल I, XOY में +, +

अर्धतल II, X'OY में -, +

अर्धतल III, X'OY' में -, -

अर्धतल IV, XOY' में +, -

(ii) दो बिंदुओं के बीच दूरी : माना P (x_1, y_1) तथा Q (x_2, y_2) दो बिंदु के बीच दूरी निकालना है तो सूत्र

$$PQ = \sqrt{(x_2 - x_1)^2 + (y_2 - y_1)^2}$$ का प्रयोग करें।

बिंदु O (0, 0) तथा किसी बिंदु A (x, y) की दूरी

$$OA = \sqrt{(x-0)^2 + (y-0)^2}$$

या $OA = \sqrt{x^2 + y^2}$

(iii) एक बिंदु P (x, y) प्राप्त करना, जो A (x_1, y_1), B(x_2, y_2) को AP : PB $=m_1 : m_2$ आंतरिक अनुपात में बाँटता है। (Section formula)

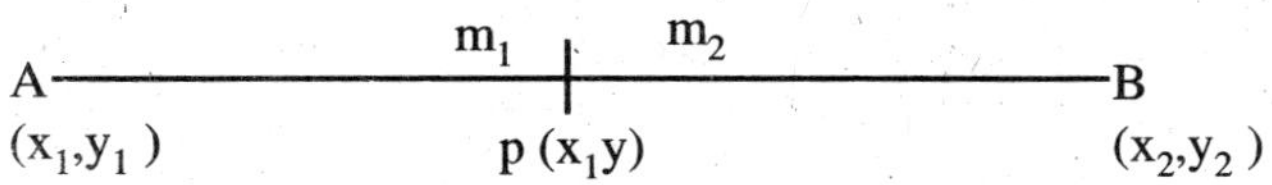

A (x_1,y_1) —— m_1 —— p (x_1y) —— m_2 —— B (x_2,y_2)

सूत्र $x = \dfrac{m_1x_2 + m_2x_1}{m_1 + m_2}, y = \dfrac{m_1y_2 + m_2y_1}{m_1 + m_2}$ प्रयोग करें।

(iv) यदि P बिंदु AB को $m_1 : m_2$ के बाह्य अनुपात में बाँटें तो

$$x = \frac{m_1x_2 - m_2x_1}{m_1 - m_2}, y = \frac{m_1y_2 - m_2y_1}{m_1 - m_2}$$ प्रयोग करें।

A (x_1,y_1) —— B (x_2,y_2) – – – p (x,y)
(m_1 : A से p तक, m_2 : B से p तक)

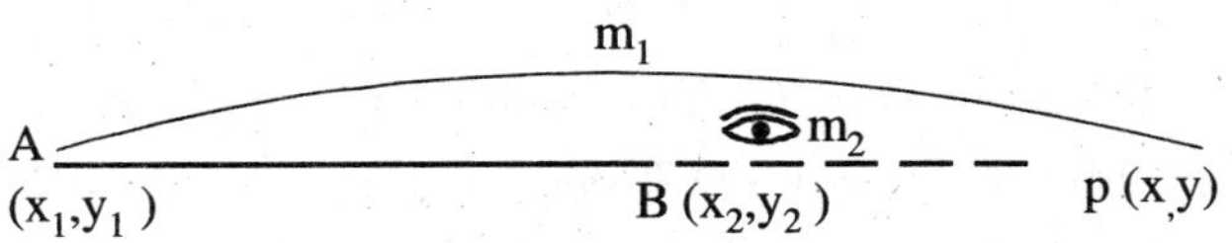

(iv) यदि A (x_1, y_1), B (x_2, y_2), C $(x_3 y_3)$ तो ΔABC का क्षेत्रफल

$$\Delta = \frac{1}{2}\left[x_1(y_2 - y_3) + x_2(y_3 - y_1) + x_3(y_1 - y_2)\right]$$

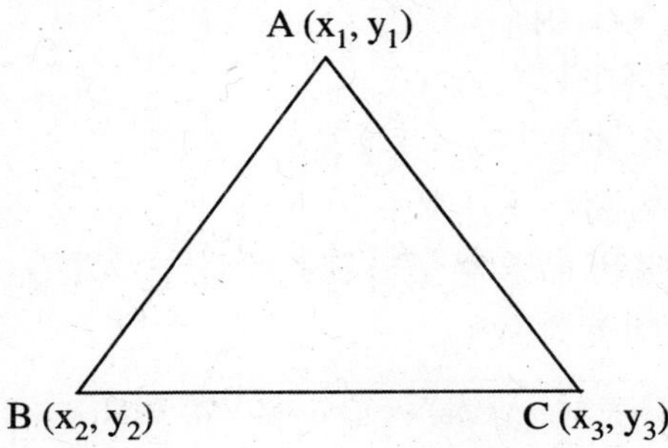

A, B, C एक सरल रेखा पर होंगे, यदि $x_1 (y_2 - y_3) + x_2 (y_3 - y_1) + x_3 (y_1 - y_2) = 0$ अर्थात् क्षेत्रफल $\Delta ABC = 0$

□

18

समानांतर श्रेणी

(i) समानांतर श्रेणी (Airthmetic Progression) :

(i) कोई ऐसा क्रम जिसमें प्रत्येक पद में कुछ संख्या, जिसे सार्व अंतर कहते हैं, जोड़ने पर अगला पद प्राप्त हो, समानांतर श्रेणी कहलाता है।

a, a + d, a + 2d, ..., a + (n – 1) d, ... एक समानांतर श्रेणी है, जिसका—

प्रथम पद = a

सार्व अंतर = d

यदि t_1, t_2, t_3..........., t_n, ...एक समानांतर श्रेणी (AP) है तो t_1 = प्रथम पद (= a), $t_2 - t_1 = t_3 - t_2 = t_4 - t_3$ = ...= $t_n - t_{n-1}$ = ... = d = सार्व अंतर

यहाँ $t_n = a + (n - 1) d$, AP का nवाँ पद प्राप्त करने के लिए सूत्र है।

उदाहरण : (a) 1, 7, 13, 19....... का nवाँ पद t_n ज्ञात करो?

यहाँ प्रथम पद a = 1, d = 7 – 1 = 13 – 7 = 19 –13

$\therefore d = 6$

$\therefore$ सूत्र $t_n = a + (n - 1) d$ से,

$t_n = 1 + (n - 1) 6 = 6n - 5$

(b) –10, –15, –20, –25,..........का 20वाँ पद ज्ञात करो?

यहाँ a = –10, d = –5 तथा $t_n = t_{20}$ के लिए सूत्र

$t_{20} = a + (20 - 1) d$ से

$t_{20} = -10 + 19 (-5)$

$= -10 - 95 = -105$

(2) समानांतर श्रेणी के n पदों का योग : यदि S_n = a+ (a +d) + (a + 2d) +................. t_n, कोई n पदों का योग है तो सूत्र

$$S_n = \frac{n}{2}[a + t_n]$$

$= \frac{n}{2}[2a + (n-1)d]$ से n पदों का योग प्राप्त कर सकते हैं। □

19

त्रिकोणमिति

(1) एक समकोण त्रिभुज ABC पर विचार करें, जिसका कोण B समकोण है तो समकोण के सामनेवाली भुजा AC कर्ण (Hypotenuse) कहलाती है।

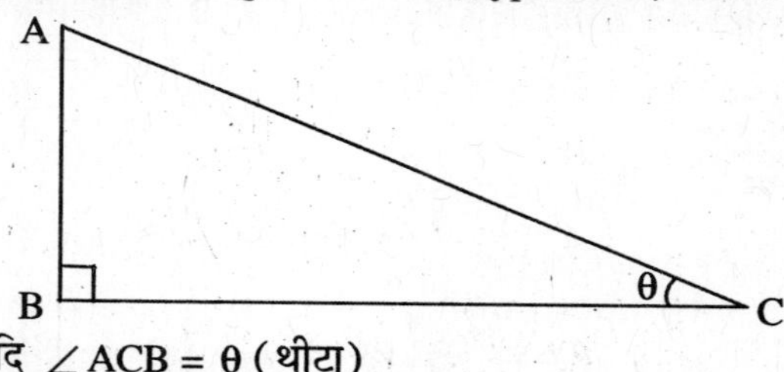

यदि $\angle ACB = \theta$ (थीटा)

तो भुजा BC = आधार (Base) तथा $\angle C$ के सामनेवाली भुजा AB = लंब (Perpendicular) कहलाती है।

अब हम निम्नलिखित परिभाषा देंगे :

Sine को संक्षेप में sin, Cosine को संक्षेप में cos

Tangent को संक्षेप में tan, Cotangent को संक्षेप में cot

Secant को संक्षेप में Sec, Cosecant को संक्षेप में cosec लिखें तो

$$\sin\theta = \frac{AB}{AC} = \frac{\text{लंब}}{\text{कर्ण}}$$

$$\cos\theta = \frac{BC}{AC} = \frac{\text{आधार}}{\text{कर्ण}}$$

$$\tan\theta = \frac{AB}{BC} = \frac{\text{लंब}}{\text{आधार}}$$

$$\cot\theta = \frac{BC}{AB} = \frac{\text{आधार}}{\text{लंब}} = \frac{1}{\tan\theta}$$

$\sec\theta = \frac{AC}{BC} = \frac{\text{कर्ण}}{\text{आधार}} = \frac{1}{\cos\theta}$

$\text{cosec}\,\theta = \frac{AC}{AB} = \frac{\text{कर्ण}}{\text{लंब}} = \frac{1}{\sin\theta}$

2. हम $(\sin\theta) \times (\sin\theta) = \sin^2\theta, (\cos\theta) \times (\cos\theta) = \cos^2\theta$

$(\tan\theta) \times (\tan\theta) = \tan^2\theta$ आदि लिखेंगे।

तो निम्नलिखित सूत्र याद करें—

(a) $\sin^2\theta + \cos^2\theta = 1$

(b) $\sec^2\theta = 1 + \tan^2\theta$

(c) $\text{cosec}^2\theta = 1 + \cot^2\theta$

इनके अतिरिक्त सूत्र—

$\tan\theta = \frac{\sin\theta}{\cos\theta}$, $\cot\theta = \frac{\cos\theta}{\sin\theta}$

3. कुछ कोणों के त्रिकोणमिति मान

	0	30^0	45^0	60^0	90^0
Sin	0	$\frac{1}{2}$	$\frac{1}{\sqrt{2}}$	$\frac{\sqrt{3}}{2}$	1
Cos	1	$\frac{\sqrt{3}}{2}$	$\frac{1}{\sqrt{2}}$	$\frac{1}{2}$	0
Tan	0	$\frac{1}{\sqrt{3}}$	1	$\sqrt{3}$	अपरिभाषित
Cot	अपरिभाषित	$\sqrt{3}$	1	$\frac{1}{\sqrt{3}}$	0
Sec	1	$\frac{2}{\sqrt{3}}$	$\sqrt{2}$	2	अपरिभाषित
Cosec	अपरिभाषित	2	$\sqrt{2}$	$\frac{2}{\sqrt{3}}$	1

4. कुछ और सूत्र :

$\text{Sin}\,(90^{\circ} - \theta) = \text{Cos}\theta$ $\text{Cos}\,(90^{\circ} - \theta) = \text{Sin}\theta$

$\text{Tan}\,(90^{\circ} - \theta) = \text{Cot}\theta$ $\text{Cot}\,(90^{\circ} - \theta) = \tan\theta$

$\text{Sec}\,(90^{\circ} - \theta) = \text{Co}\sec\theta$ $\text{Co}\sec\,(90^{\circ} - \theta) = \text{Sec}\theta$

5. त्रिकोणमिति का प्रयोग : ऊँचाई/लंबाई निकालने में किया जाता है।

(i)

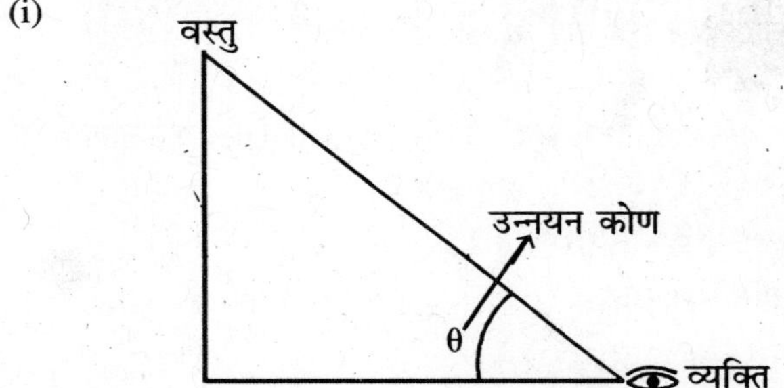

(ii)

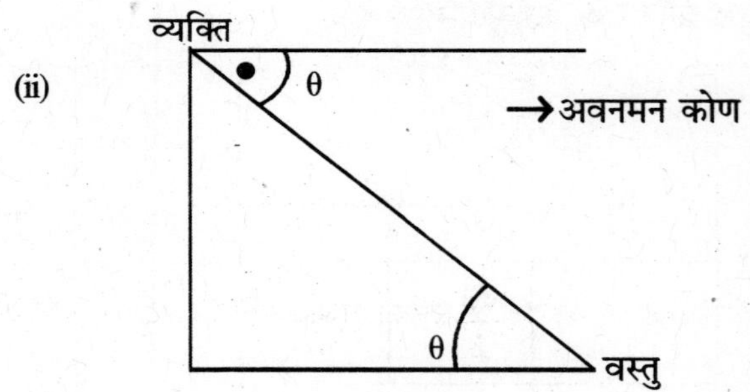

20

त्रिभुज के प्रकार व सर्वांगसमता

1. तीन रेखाखंडों से घिरा क्षेत्र एक त्रिभुज (Triangle) कहलाता है। चित्र में ΔABC दिखाया गया है। इसके 6 अंग होते हैं—

(i) 3 भुजा : $AB = c, BC = a, CA = b$

(ii) 3 कोण : $\angle BAC = \angle A, \angle ABC = \angle B, \angle BCA = \angle C$

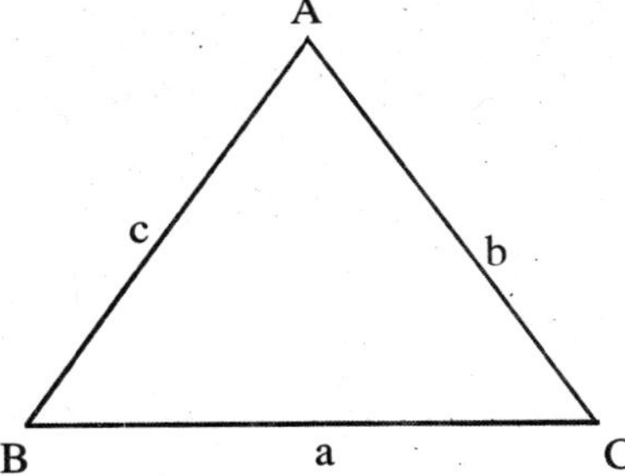

त्रिभुजों के प्रकार : त्रिभुजों के उनकी भुजाओं के आधार पर निम्न तीन प्रकार होते हैं—

(i) समबाहु त्रिभुज (Equilateral Triangle) : यदि ΔABC की भुजा

$AB = BC = CA$

तो वह समबाहु त्रिभुज (Equilateral Δ) कहलाता है। इसके प्रत्येक कोण का मान 60^0 होता है।

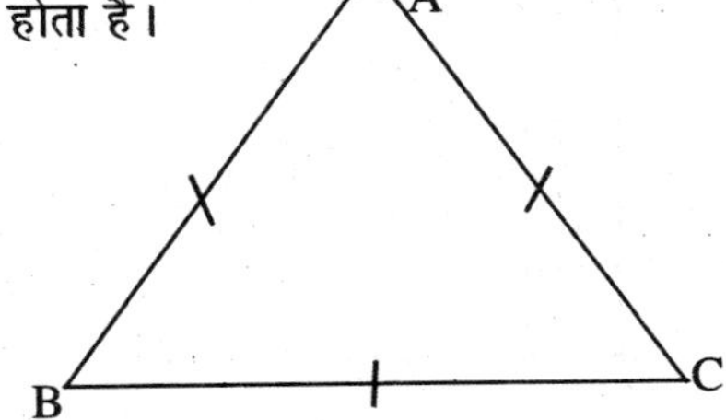

(ii) समद्विबाहु त्रिभुज (Isosceles Triangle Δ) : यदि एक त्रिभुज की दो भुजाएँ बराबर हों तो वह समद्विबाहु Δ कहलाता है। यहाँ $AB = AC$ आधार पर बने कोण बराबर होते हैं। $\angle B = \angle C$

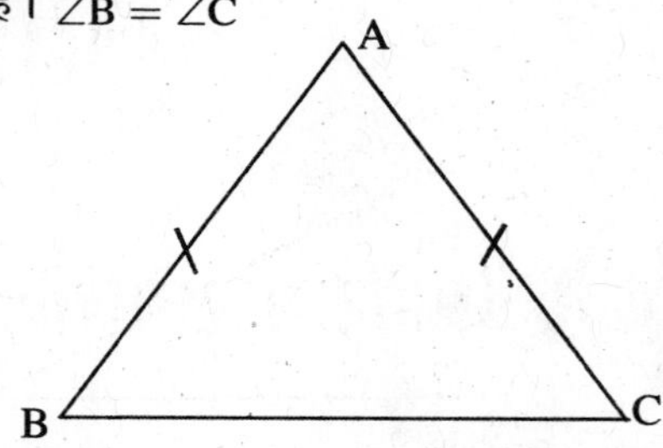

(iii) विषमबाहु त्रिभुज (Scalene Triangle) : यदि ΔABC में $AB \neq BC \neq AC$ अर्थात् तीनों भुजाएँ अलग-अलग हों तो वह विषम बाहु (Scalene) Δ कहलाता है।

(b) कोणों के आधार पर भी त्रिभुज तीन प्रकार के होते हैं—

(i) न्यूनकोण त्रिभुज (Acute Angle Triangle) : वह त्रिभुज, जिसके सारे कोण न्यूनकोण हों (अर्थात् 90^0 से छोटा हो) तो वह न्यूनकोण Δ कहलाता है।

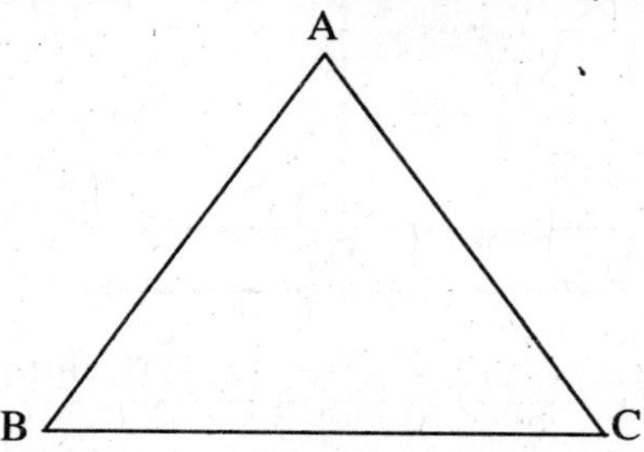

(ii) समकोण त्रिभुज (Right Angle Triangle) : वह त्रिभुज जिसका एक कोण समकोण हो, (चित्र में ΔABC का कोण $\angle B = 90^0$), तो वह समकोण Δ कहलाता है।

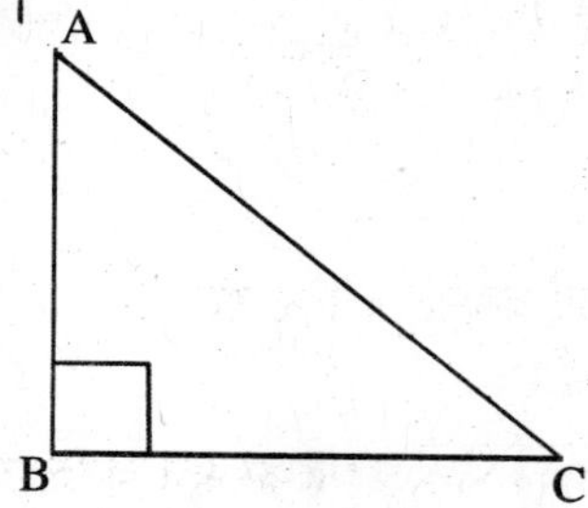

(iii) अधिक कोण त्रिभुज (Obtuse Angle Triangle) : यदि ΔABC का $\angle B > 90^0$ हो तो इसे अधिक कोण Δ कहते हैं।

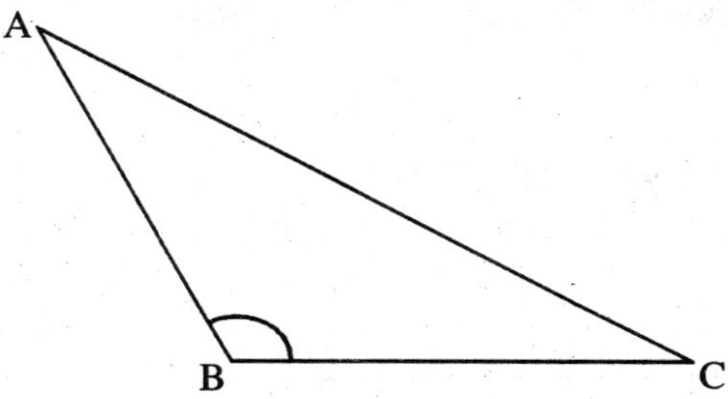

2. त्रिभुज की तीनों भुजाओं का योग इसकी परिमाप

$2S = a + b + c$ होती है।

$$\therefore s = \frac{a+b+c}{2}$$

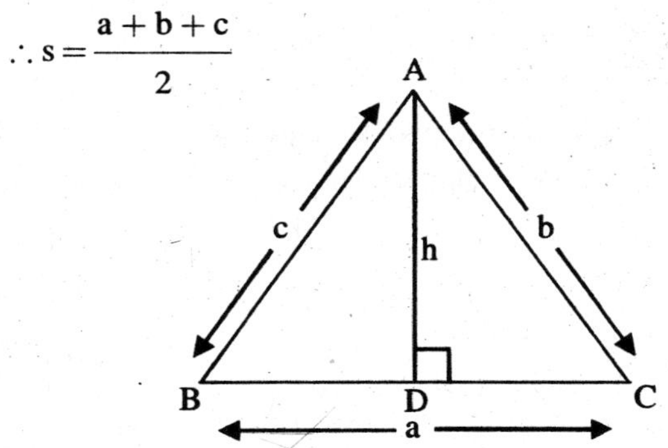

(a) अगर त्रिभुज के आधार पर शीर्ष से लंब डाला गया हो

तब Δ का क्षेत्रफल

$= \frac{1}{2}$ आधार × ऊँचाई

$$= \frac{1}{2} a \times h$$

(b) अगर तीनों भुजाएँ क्रमशः a, b, c हों

तो Δ के क्षेत्रफल का सूत्र

$= \sqrt{s(s-a)(s-b)(s-c)}$ हीरो का सूत्र कहलाता है।

3. त्रिभुजों की सर्वांगसमता (Congruency of Triangle) : माना ΔABC तथा ΔPQR सर्वांगसम त्रिभुज हैं तो—

$\Delta ABC \cong \Delta PQR$

तब $\angle A = \angle P$, $\angle B = \angle Q$, $\angle C = \angle R$

तथा $AB = PQ$, $BC = QR$ और $AC = PR$

त्रिभुजों की सर्वांगसमता पर नियम—

(i) SSS या भुजा-भुजा-भुजा सर्वांगसमता : यहाँ किसी Δ की तीनों भुजाएँ दूसरे त्रिभुज की तीनों भुजाओं के क्रमशः बराबर हों तो वे Δ आपस में सर्वांगसम होते हैं, अर्थात् उसके कोण भी क्रमशः बराबर होते हैं, सभी छह अंग बराबर होते हैं।

(ii) SAS या भुजा-कोण-भुजा सर्वांगसमता : यदि किसी Δ की दो भुजा और उनके बीच का कोण दूसरे Δ की दो भुजा और उनके बीच के कोण क्रमशः बराबर हों तो वे Δ आपस में सर्वांगसम होते हैं, अर्थात् उनके सभी छह अंग क्रमशः बराबर होते हैं।

(iii) ASA या AAS/ कोण-भुजा-कोण सर्वांगसमता : यदि किसी त्रिभुज के दो कोण तथा एक भुजा दूसरे त्रिभुज के दो कोण और एक भुजा के क्रमशः बराबर हों तो वे दोनों Δ आपस में सर्वांगसम होते हैं, अर्थात् उनके सभी छह अंग आपस में (क्रमशः) बराबर होते हैं।

(iv) त्रिभुजों के कुछ अन्य गुण—

a. किसी भी Δ के तीनों कोणों का योग 180° ($= \pi^c$ या π रेडियन) होता है।

b. यदि किसी Δ की एक भुजा आगे बढ़ाई जाए तो इस प्रकार बना बाह्य कोण सामनेवाले दोनों अंत:कोणों के योग के बराबर होता है।

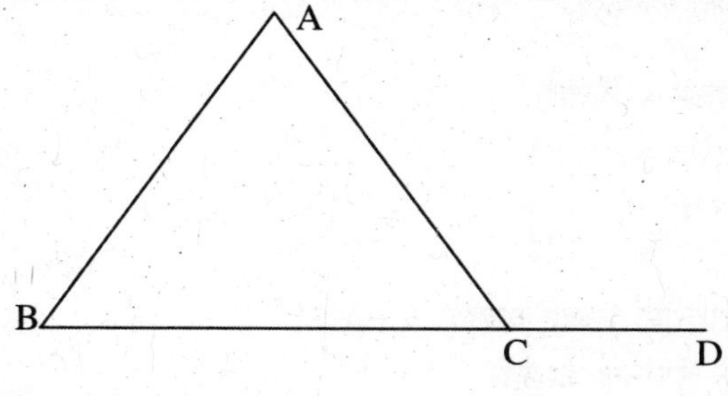

$\angle ACD = \angle A + \angle B$

□

21

पाइथागोरस प्रमेय

1. पाइथागोरस प्रमेय (Pythagoras Theorem) : (i) किसी समकोण त्रिभुज ABC में कर्ण AC (समकोण B के सामनेवाली भुजा) पर बना वर्ग उसकी अन्य भुजाओं पर बने वर्गों के योग के बराबर होता है।

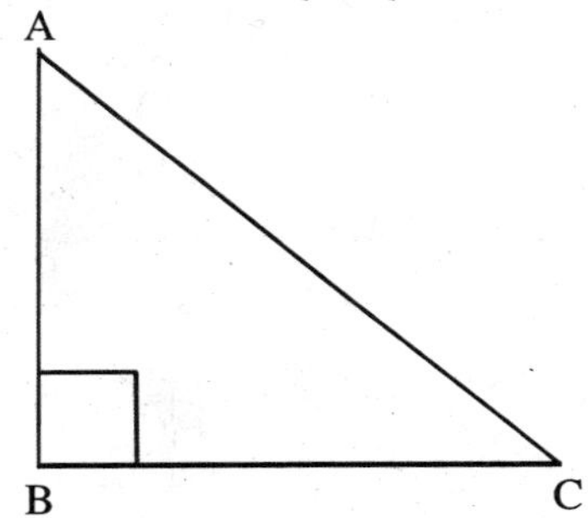

$AC^2 = AB^2 + BC^2$

इसमें BC को प्राय: आधार तथा AB को लंब कहें तो

कर्ण^2 = आधार^2 + लंब^2

(ii) समद्विबाहु समकोण Δ में यदि समकोण Δ ABC, जिसका कोण B = 90^0 में AB = BC तो $\angle A = \angle C = 45^0$ ($\because \angle A + \angle B + \angle C = 180^o$)

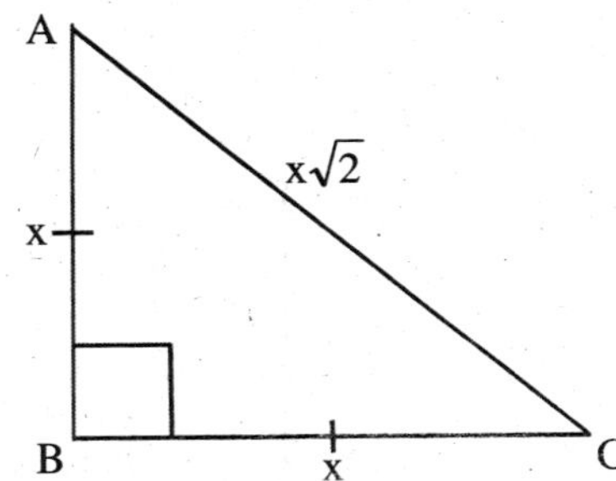

यदि $AB = BC = x$ तो

$AC^2 = AB^2 + BC^2 = x^2 + x^2 = 2x^2$

$\therefore AC = x\sqrt{2}$

अर्थात् भुजाओं का अनुपात

लंब : आधार : कर्ण $= 1:1:\sqrt{2}$

(iii) यदि किसी समकोण Δ का एक न्यून कोण $= 30^0$ तो दूसरा न्यून कोण $= 60^0$

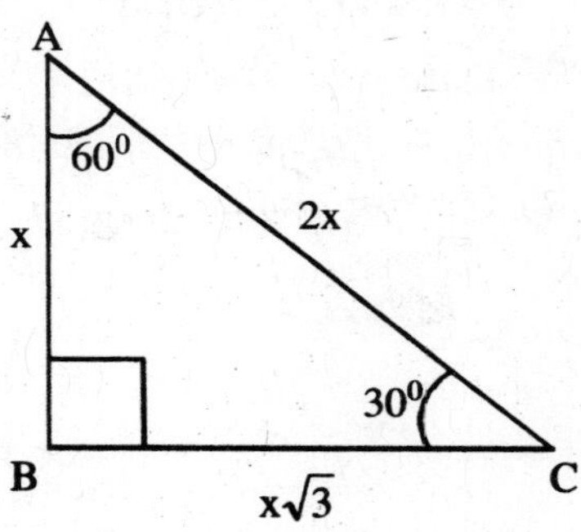

($\therefore$ समकोण Δ में दोनों न्यून कोण का योग $= 90^0$)

तो 30^0 के सामनेवाली भुजा को x मानें यानी $AB = x$ तो $BC = x\sqrt{3}$ तथा
$AC^2 = AB^2 + BC^2$

$= x^2 + (x\sqrt{3}) = 4x^2$

$\because AC = 2x$

$\because$ **भुजाओं का अनुपात** $= x : x\sqrt{3} : 2x = 1 : \sqrt{3} : 2$

2. अपोलोनियस प्रमेय (Appolonius Theroreus) : यदि Δ ABC में कोण $A = 90^0$ और बिंदु A से BC के मध्य बिंदु D को जोड़ें (AD बिंदु A से BC पर माध्यिका है) तो

$AB^2 + AC^2 = 2AD^2 + 2DC^2$

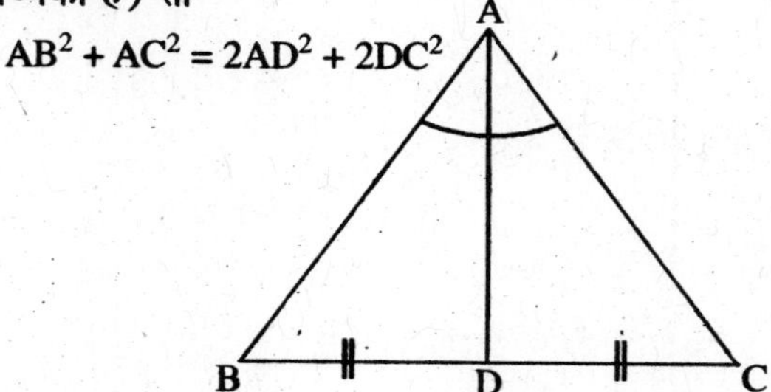

□

समरूप त्रिभुज

समरूप त्रिभुज (Similar Triangle)

1. जब किन्हीं दो त्रिभुजों Δ ABC तथा Δ PQR में $\angle A = \angle P$, $\angle B = \angle Q$, $\angle C = \angle R$ तथा

$$\frac{AB}{PQ} = \frac{BC}{QR} = \frac{CA}{RP}$$

तो हम कहते हैं कि Δ ABC और Δ PQR समरूप त्रिभुज हैं तथा लिखते हैं $\Delta ABC \sim \Delta PQR$

2. Δ ABC तथा Δ PQR निम्नलिखित चार प्रकार से समरूप हो सकते हैं—

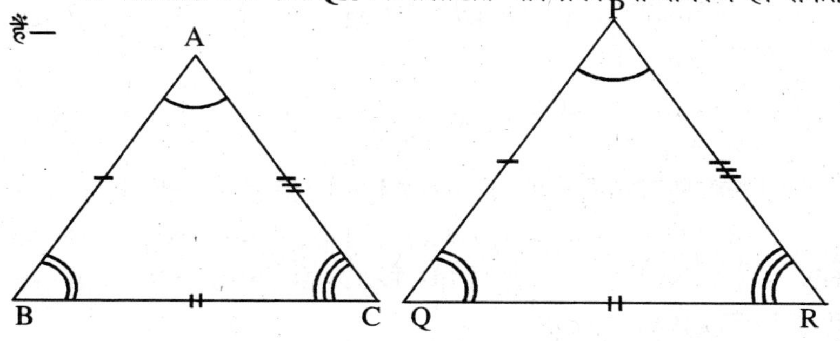

(a) SSS/ भुजा-भुजा-भुजा

यदि $\frac{AB}{PQ} = \frac{BC}{QR} = \frac{AC}{PR}$

तो $\angle A = \angle P$, $\angle B = \angle Q$, $\angle C = \angle R$

तथा $\Delta ABC \sim \Delta PQR$

(b) SAS/भुजा-कोण-भुजा

यदि Δ ABC और Δ PQR में

$$\frac{AB}{PQ} = \frac{BC}{QR} \text{ तथा } \angle B = \angle Q$$

तो $\Delta ABC \sim \Delta PQR$

(c) AA/AAA या कोण-कोण-कोण

यदि Δ ABC तथा Δ PQR के कोई दो कोण आपस में बराबर हों तो तीसरा कोण भी बराबर होगा, तथा

$\Delta ABC \sim \Delta PQR$

वास्तव में इन सब स्थितियों में तीनों कोण बराबर होते हैं और संगत भुजाओं के अनुपात समान होते हैं।

(d) RHS/ समकोण-कर्ण-भुजा : स्थिति (b) में कोण दोनों भुजाओं के बीच होना आवश्यक है। यह शर्त छोड़ी जा सकती है, यदि कोण = समकोण हो।

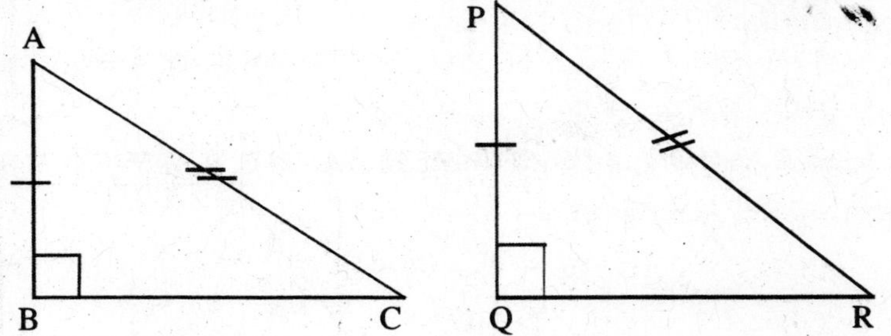

अर्थात् दो समकोण त्रिभुजों में कर्ण व अन्य एक भुजा के अनुपात समान होना काफी है। यहाँ ऊपर दिए गए चित्र में $\angle B = \angle Q = 90^0$ तथा $\frac{AB}{PQ} = \frac{AC}{PR}$

$\Rightarrow \Delta ABC \sim \Delta PQR$

□

23

चतुर्भुज

चतुर्भुज (Quadrilateral)

1. चार भुजाओं से घिरी आकृति 'चतुर्भुज' कहलाती है।

उदाहरण के लिए, चित्र में दिया ABCD एक चतुर्भुज है। इसकी चार भुजाएँ AB, BC, CD तथा AD हैं तथा चार कोण $\angle A, \angle B, \angle C, \angle D$ हैं।

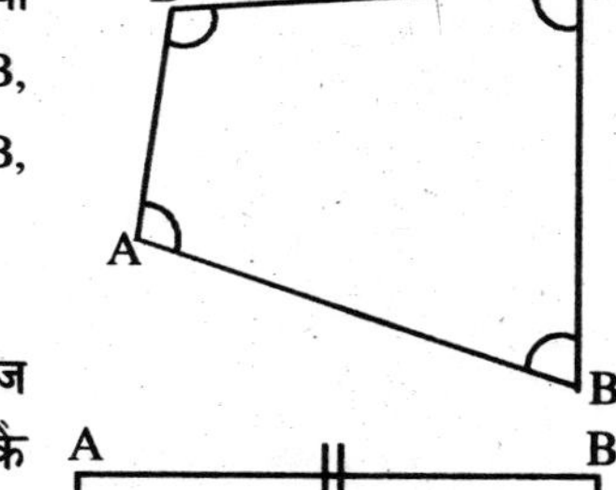

2. आयत (Rectangle) : वह चतुर्भुज है, जिसके चारों कोण समकोण हों तथा जिसके आमने-सामने की भुजा बराबर हो

A B D C

AB = CD तथा AD = BC

$\angle A = \angle B = \angle C \ \angle D = 90^0$

हम देख सकते हैं $\angle A + \angle B + \angle C + \angle D = 360^0$

आयत का क्षेत्रफल = लंबाई × चौड़ाई

3. समानांतर चतुर्भुज (Parallelogram) : में आमने-सामने की भुजाएँ समानांतर होती हैं तथा आमने-सामने के कोण भी बराबर होते हैं।

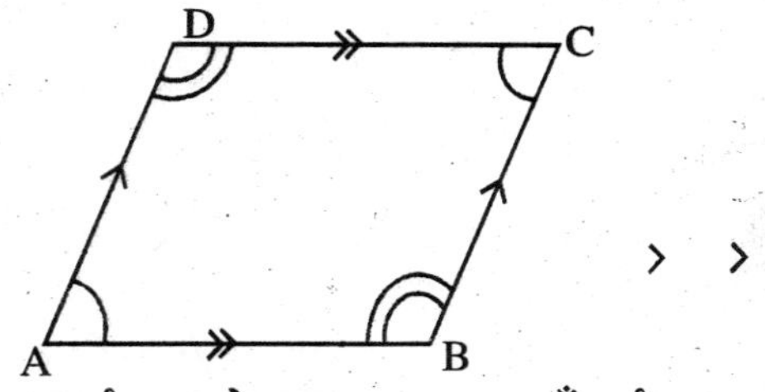

समानांतर चतुर्भुज का क्षेत्रफल = आधार × ऊँचाई

चित्र में ABCD समानांतर चतुर्भुज के लिए

AB ∥ CD तथा AD ∥ BC

$\angle A = \angle C$ और $\angle B = \angle D$ हम पाते हैं AB = CD तथा AD = BC इसमें विकर्ण AC, BD एक–दूसरे को समद्विभाजित करते हैं।

4. वर्ग (Square) : यदि किसी समानांतर चतुर्भुज की चारों भुजाएँ एवं चारों कोण बराबर हों तो वह एक 'वर्ग' कहलाता है।

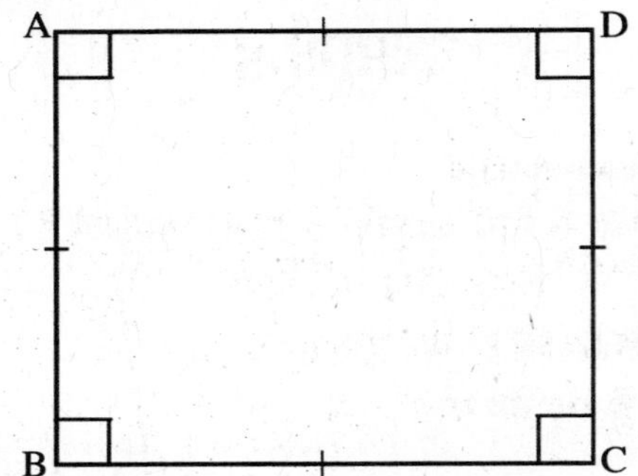

ABCD में AB = BC = CD = DA तथा $\angle A = \angle B = \angle C = \angle D = 90^0$ तो विकर्ण AC = BD तथा वे लंब पर एक–दूसरे को काटते हैं।

वर्ग का क्षेत्रफल = भुजा × भुजा

5. समभुज/समचतुर्भुज (Rhombus) : यदि समानांतर चतुर्भुज की चारों भुजाएँ बराबर हों तो वह 'समभुज' (Rhombus) कहलाता है।

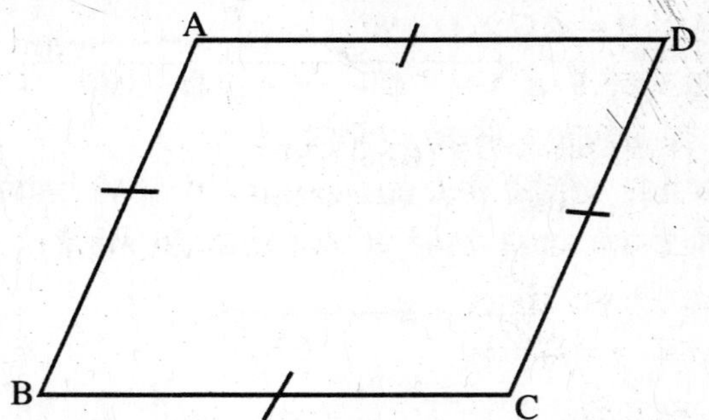

समचतुर्भुज ABCD में AB = BC = CD = DA और असमान विकर्ण AC, BD एक–दूसरे को लंब पर काटते हैं।

समचतुर्भुज का क्षेत्रफल = $\frac{1}{2} \times$ विकर्णों का गुणनफल

6. समलंब चतुर्भुज (Trapezium) : यदि किसी चतुर्भुज की एक जोड़ी आमने–सामने की भुजा समानांतर हों तो वह 'समलंब चतुर्भुज' कहलाता है।

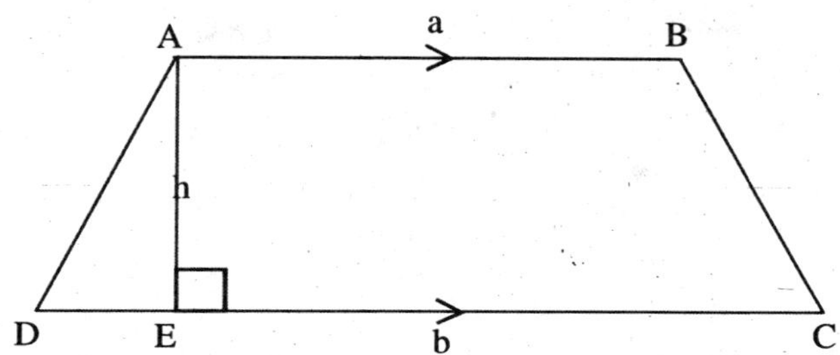

ABCD में AB ∥ CD है

माना AB = a तथा CD = b तथा $AE \perp CD$ जहाँ AE = h है तो

ABCD का क्षेत्रफल $= \frac{1}{2}(a+b)\,h$

7. समद्विबाहु समलंब चतुर्भुज (Isosceles Trapezium) : यदि चतुर्भुज ABCD की भुजा AB ∥ CD तथा AD = BC हों तो यह 'समद्विबाहु समलंब चतुर्भुज' है।

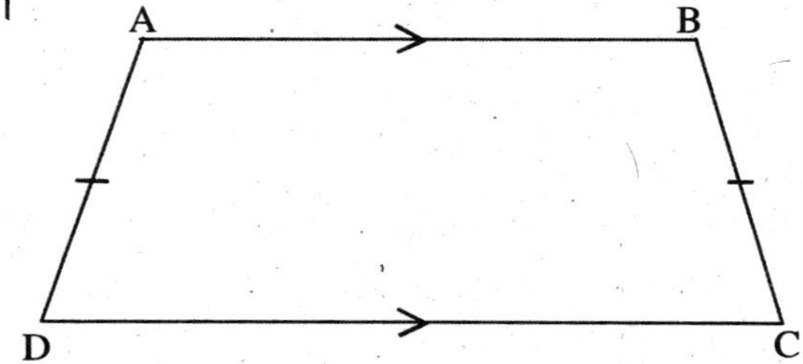

8. पतंग जैसा समचतुर्भुज (Kite) : माना ABCD एक पतंग है तो

AB = AD

BC = CD

तथा AC, BD बिंदु O पर एक–दूसरे को लंब पर काटते हैं।

9. हम देख सकते हैं कि किसी भी चतुर्भुज के चारों कोणों का योग = 360^0 $(2\pi^c)$ □

24

वृत्त

(1) वृत्त (Circle) : यदि एक बिंदु P दूसरे स्थिर बिंदु O (Fixed Point) के चारों ओर इस प्रकार घूमें कि दोनों के बीच दूरी OP सदैव समान रहे तो P एक वृत्त बनाता है।

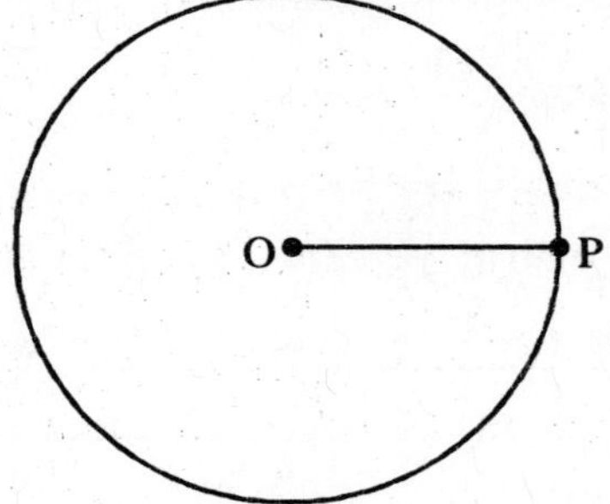

(2) केंद्र (Centre) : स्थिर बिंदु O वृत्त का 'केंद्र' कहलाता है।

(3) त्रिज्या (Radius) : समान दूरी OP वृत्त की 'त्रिज्या' कहलाती है।

(4) जीवा (Chord) : वृत्त के किन्हीं दो बिंदुओं को एक सीधी रेखा से जोड़ें तो प्राप्त रेखा वृत्त की 'जीवा' कहलाती है।

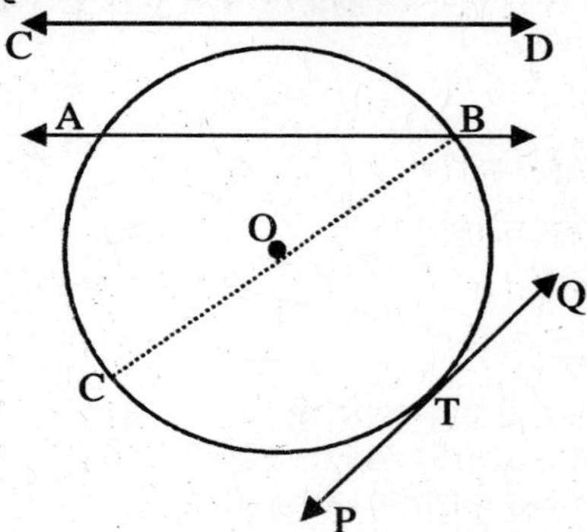

$\overleftrightarrow{AB}$ वृत्त C (O, r) की प्रतिच्छेदन करनेवाली जीवा है।

C (O, r) का अर्थ वृत्त जिसका केंद्र O तथा त्रिज्या हो।

$\overleftrightarrow{CD}$ वृत्त C (O, r) को प्रतिच्छेदन न करनेवाली जीवा है।

5. स्पर्श रेखा (Tangent) : एक ऐसी जीवा जो वृत्त $\overrightarrow{PQ}$ की स्पर्श रेखा है। T स्पर्श बिंदु है, को एक ही बिंदु पर काटे (या छुए), 'स्पर्श रेखा' कहलाती है।

6. व्यास (Diameter) : केंद्र O से गुजरनेवाली BC जो वृत्त को बिंदु B,C में प्रतिच्छेदन करती है, वृत्त का 'व्यास' कहलाता है, इसकी लंबाई = 2r

प्रमेय : (i) केंद्र से किसी जीवा AB जो वृत्त को A, B दो बिंदुओं पर काटती है, पर डाला गया लंब जीवा AB को समद्विभाजित करता है।

(ii) वृत्त के किसी बिंदु पर स्पर्श रेखा उस बिंदु पर बनी त्रिज्या पर लंब होता है।

जैसे $OP \perp AB$

P स्पर्श बिंदु है।

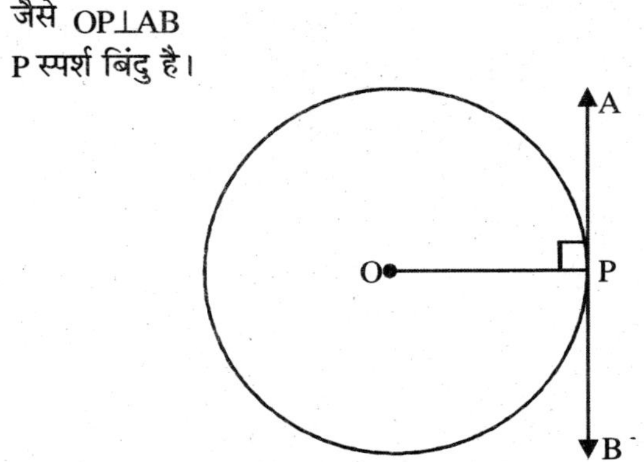

(iii) किसी बाह्य बिंदु से वृत्त पर दो स्पर्श रेखा खींची जा सकती हैं।

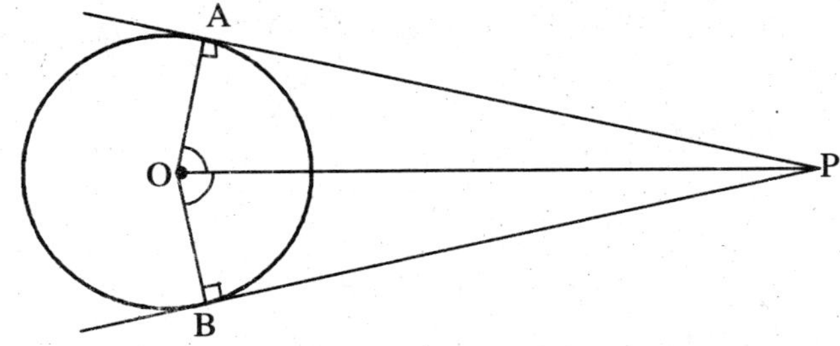

केंद्रीय कोण (Central Angle) : उपर्युक्त में $\angle AOB$ (दो स्पर्श रेखाओं द्वारा बना कोण) 'केंद्रीय कोण' कहलाता है।

लघु वृत्त खंड तथा बृहत् वृत्त खंड (Minor and Major Segment) :

यदि केंद्रीय कोण AOB < 180^0 तो चाप $\widehat{AB}$ अर्धवृत्त से कम होता है और लघु वृत्त खंड कहलाता है तथा बचा हुआ चाप $\widehat{APB}$ बृहत् वृत्त खंड कहलाता है। चाप को रेडियन (कोण) में नापते हैं।

प्रमेय् : किन्हीं दो बिंदुओं द्वारा केंद्र पर बना कोण उनके द्वारा शेष वृत्त खंड पर बने वृत्त खंड पर बने कोण का दोगुना होता है।

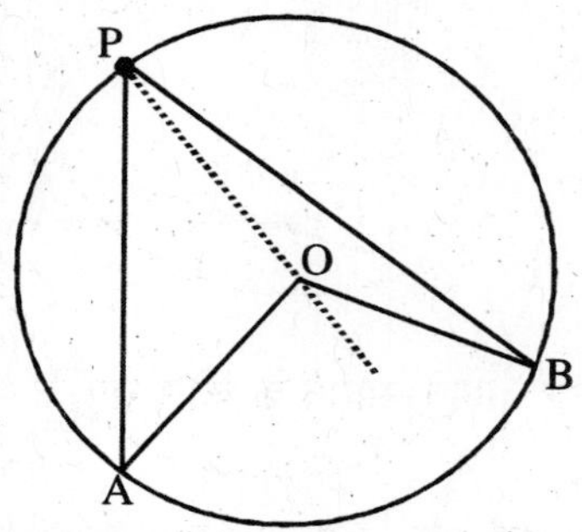

$\therefore \angle AOB = 2\angle APB$

वृत्त खंड का क्षेत्रफल तथा चाप की लंबाई (Area of Sector and Lenght of Arc) :

चाप की लंबाई

$$L = \frac{\theta}{360} \times 2\pi r = \frac{\theta \pi r}{180}$$

तथा वृत्त खंड OAB का क्षेत्रफल $= \frac{\theta}{360} \pi r^2$

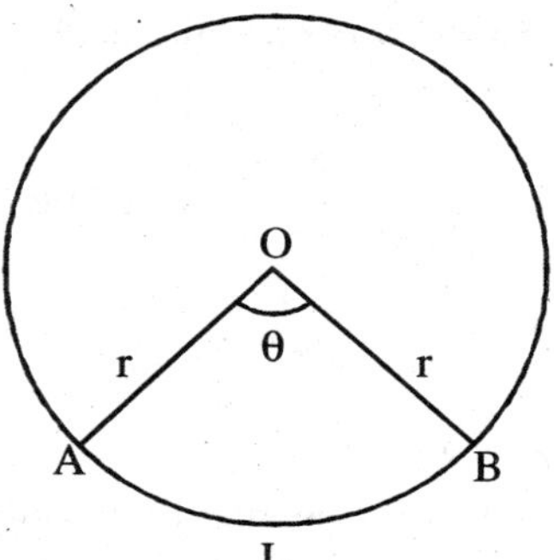

चक्रीय चतुर्भुज (Cyclic Quadrilateral) : किसी वृत्त पर स्थित चार बिंदुओं द्वारा बना चतुर्भुज एक 'चक्रीय चतुर्भुज' कहलाता है।

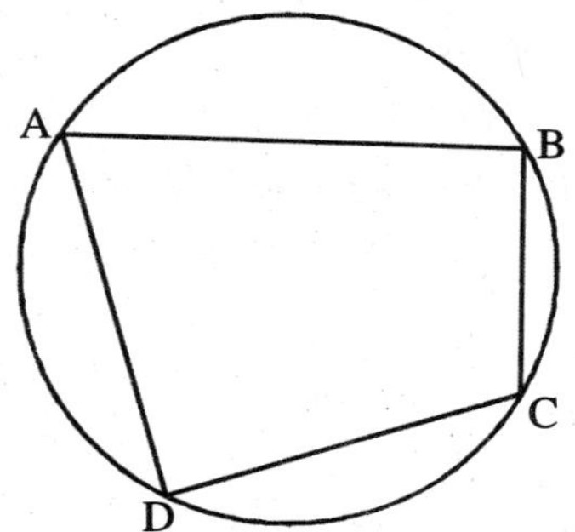

चक्रीय चतुर्भुज पर आमने-सामने के कोण संपूरक (Supplementary) होते हैं—

$\angle A + \angle C = 180^0$ तथा $\angle B + \angle D = 180^0$

संकेंद्रीय वृत्त (Concentric Circle) : वे वृत्त जिनका केंद्र एक ही हो तथा त्रिज्याएँ भिन्न हों, 'संकेंद्री वृत्त' कहलाते हैं।

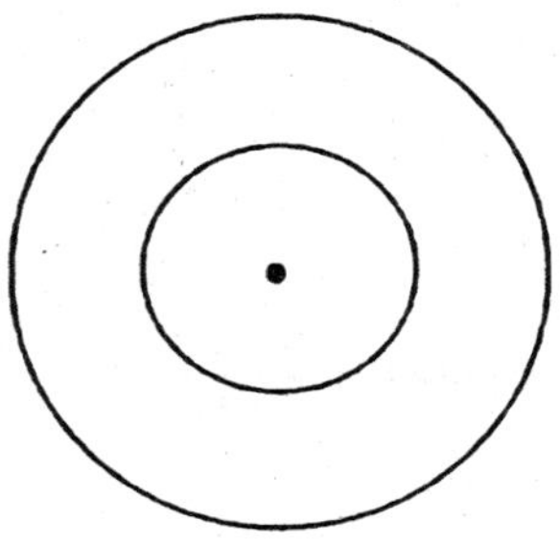

अंतः स्पर्शी वृत्त (Circlestouching Internally) : यदि एक वृत्त दूसरे वृत्त को अंतः स्पर्श करे तो दोनों वृत्त अंतः स्पर्शी वृत्त कहलाते हैं।

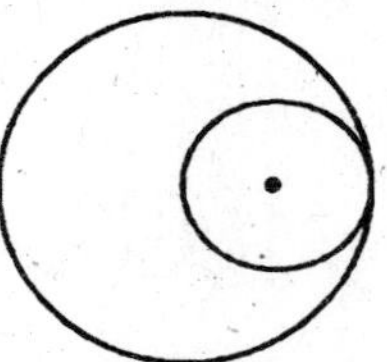

बाह्य स्पर्शी वृत्त (Circles Touching Externally) : यदि एक वृत्त दूसरे वृत्त का बाह्य स्पर्श करें तो दोनों वृत्त बाह्य स्पर्शी वृत्त कहलाते हैं।

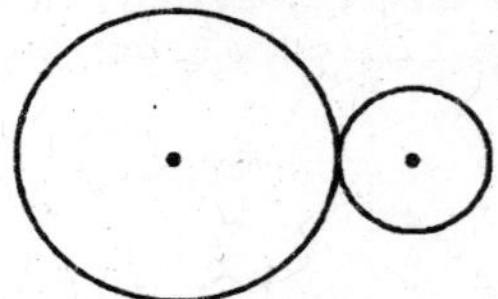

प्रतिछेद्री वृत्त (Intersecting Circle) : यदि एक वृत्त दूसरे वृत्त को दो बिंदुओं पर प्रतिच्छेद करें तो दोनों वृत्त प्रतिच्छेदी वृत्त कहलाते हैं।

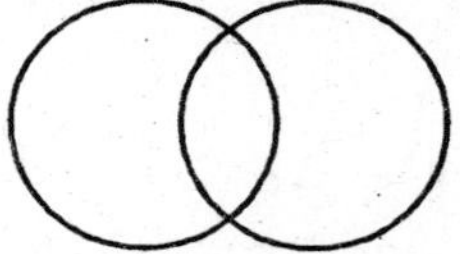

वृत्त का क्षेत्रफल एवं परिधि (Area and Circumference of Circle) :

वृत्त का क्षेत्रफल = $\pi r^2 = \pi\left(\frac{D}{2}\right)^2$ वृत्त की परिधि $= 2\pi r = \pi D$

वृत्तखंड का क्षेत्रफल

$$= \frac{\theta}{360}.\pi r^2 - \frac{1}{2}.rh$$

$$= \frac{\theta\pi r^2}{360} - \frac{1}{2}r^2\text{Sin}\theta$$

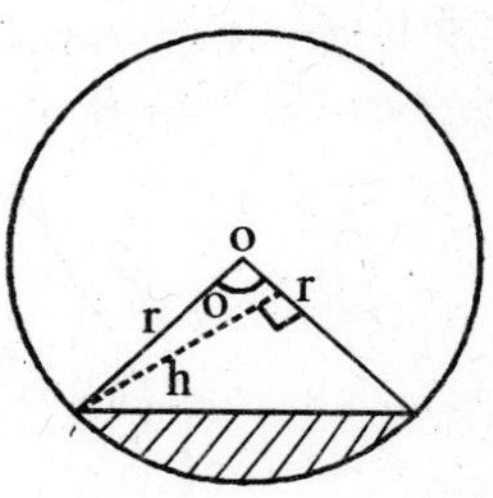

□

क्षेत्रफल

1. त्रिभुज का क्षेत्रफल (Area of Triangle) :

(a) क्षेत्रफल = $\frac{1}{2}$ × आधार × ऊँचाई

(b) यदि $a + b + c = 2s$ तो हीरो के सूत्र से

क्षेत्रफल $= \sqrt{s(s-a)(s-b)(s-c)}$

(c) समबाहु त्रिभुज (Equilateral Triangle)

परिमाप = 3a

ऊँचाई $= h = \frac{\sqrt{3}}{2}a$

∴ क्षेत्रफल $= \frac{1}{2}.h \times a$

$= \frac{\sqrt{3}}{4}a^2$

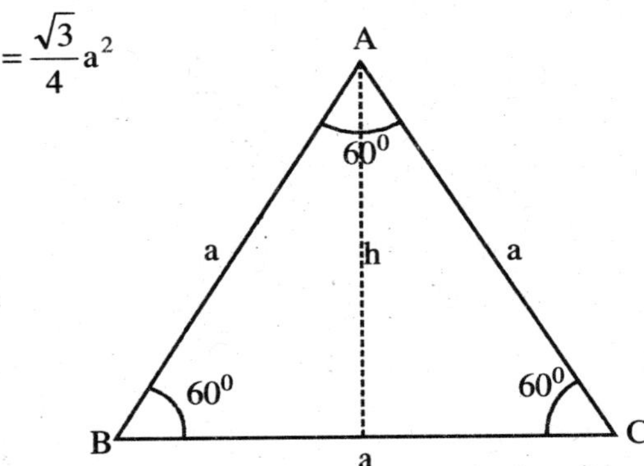

(d) समकोण त्रिभुज

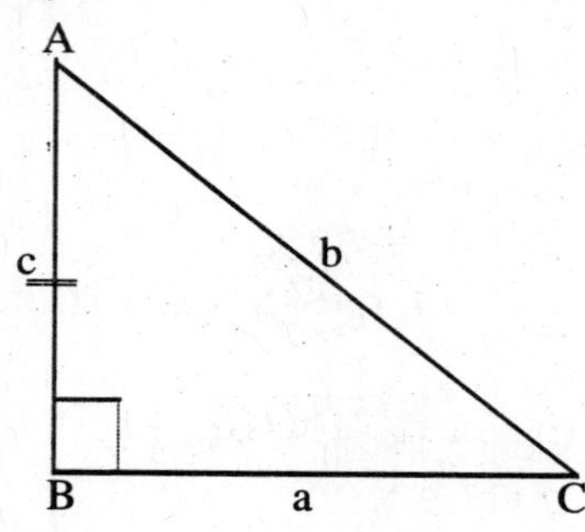

(i) यदि आधार BC = a

तो ऊँचाई = c

$\therefore$ क्षेत्रफल $= \frac{1}{2} ac$

(ii) समद्विबाहु समकोण Δ (Right angle-Isoses Triangle)

क्षेत्रफल $= \frac{1}{2} . x^2$

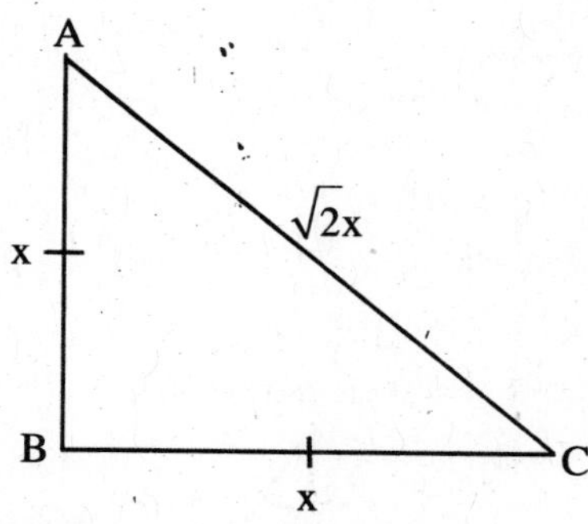

(iii) यदि समकोण त्रिभुज का एक कोण = 30^0 (= $\angle A$ माना)

तो $\angle C = 60^0$

तो $BC = x \Rightarrow BA = \sqrt{3}x$ और

$AC = 2x$

$\therefore$ क्षेत्रफल $= \frac{1}{2} \sqrt{3}x . x = \frac{\sqrt{3}}{2} x^2$

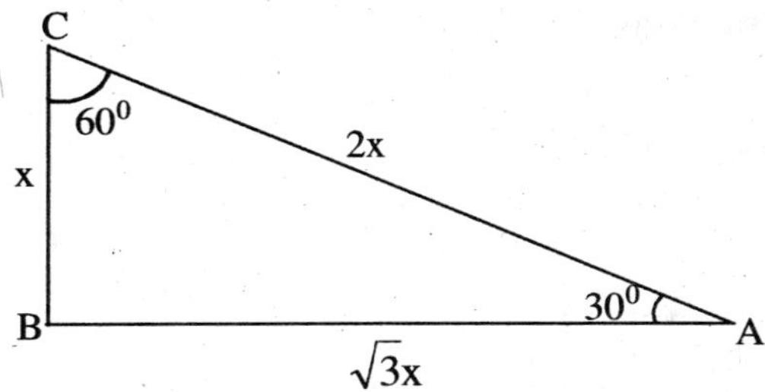

2. (a) आयत का क्षेत्रफल = लंबाई × चौड़ाई

$= l\,b$

तथा विकर्ण = AC =BD $= \sqrt{l^2 + b^2}$

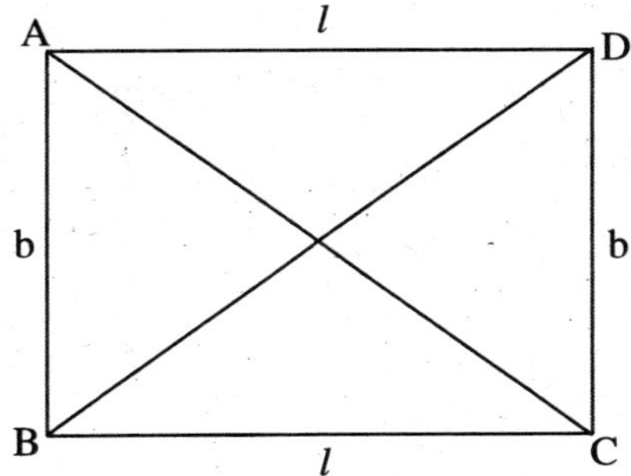

आयत की परिमाप = $2\,(l + b)$

(b) वर्ग का क्षेत्रफल = a^2

वर्ग की परिमाप = 4 × भुजा

(c) समानांतर चतुर्भुज (Parallelogram) का क्षेत्रफल = $l \times h$

परिमाप = $2\,(l + b)$

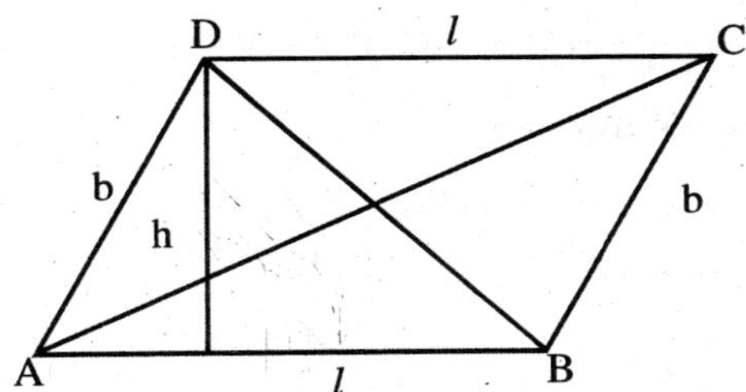

(d) समलंब चतुर्भुज (Trapezium)

क्षेत्रफल = $\frac{1}{2}(a+b)\,h$

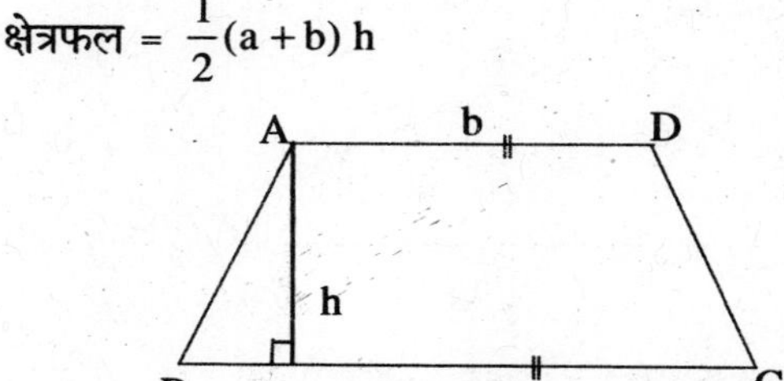

(e) पतंग (Kite) का क्षेत्रफल

$= \frac{1}{2}(2d_1).2d_2$

$= 2d_1\, d_2$

परिमाप = 2 (a +b)

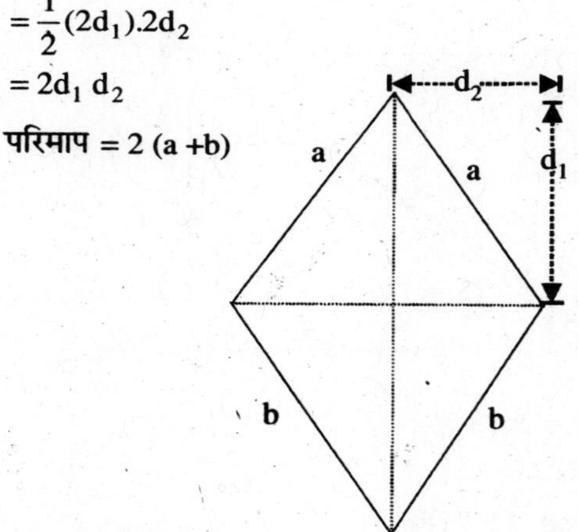

(f) बहुभुज (Polygon)

अंत: कोण= $(\underline{n-2})\times 180^\circ$

$= (\underline{n-2})\,\pi^c$

यदि बहुभुज की सभी भुजा

बराबर हों, अंत: कोण = $\left(\frac{n-2}{n}\right)\times 180^\circ$

बहिष्कोण = 360/n

(g) षट्कोण (Hexagon)

यदि $AB = BC = CD = DE = EF = FA = a$

तो परिमाप $= 6a$

प्रत्येक अंत:कोण $= \dfrac{(6-2)180^\circ}{6} = 120^\circ$

क्षेत्रफल $= \dfrac{3\sqrt{3}}{2}a^2$

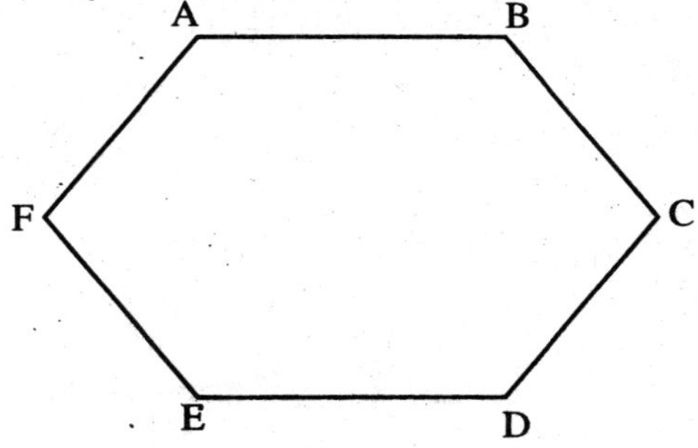

□

26

त्रिविमीय आकृतियाँ—पृष्ठ क्षेत्रफल तथा घनफल

पृष्ठ क्षेत्रफल (Surface Area) : वह क्षेत्रफल, जो वस्तु के सारे तलों का योग हो।

घनफल (Volume) : वस्तु द्वारा घेरे हुए कुल स्थान का घनफल (आयतन)।

घन (Cube) :

कुल पृष्ठ क्षेत्रफल $= 6l^2$

घनफल $= l^3$

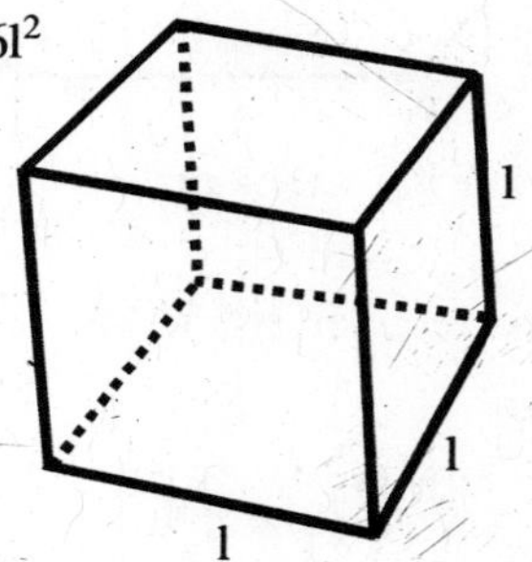

2. **घनाभ (Cuboid) :**

   माना लंबाई $= l$, चौड़ाई $= b$, ऊँचाई $= h$

   $\therefore$ कुल पृष्ठ क्षेत्रफल $= 2(lb + bh + lh)$

   तथा घनफल $= lbh$

3. **लंबवृत्तीय बेलन (Right Circular Cylinder) :**

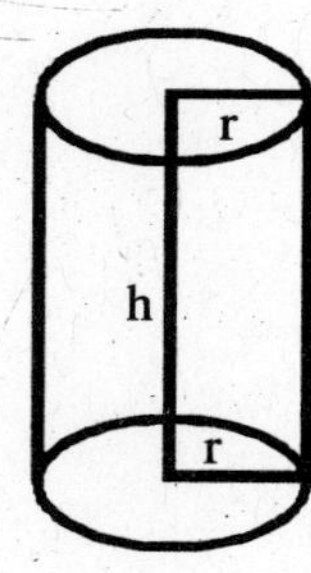

वक्र पृष्ठ का क्षेत्रफल $= 2\pi rh$

कुल पृष्ठ का क्षेत्रफल $= 2\pi rh + 2\pi r^2$

$= 2\pi r\ (h + r)$

घनफल $= \pi r^2 h = \pi \left(\frac{D}{2}\right)^2 h$

4. पाइप (Pipe)

रिंग का क्षेत्रफल = $2\pi(R^2 - r^2)h$

घनफल $= \pi(R^2 - r^2)\ h$

बाह्य पृष्ठ का क्षेत्रफल $= 2\pi Rh$

अंत:पृष्ठ का क्षेत्रफल $= 2\pi\ rh$

5. शंकु (Right Circular Cone) :

$l^2 = h^2 + r^2$

वक्र पृष्ठ क्षेत्रफल $= \pi rl$

कुल पृष्ठ क्षेत्रफल $= \pi rl + \pi r^2$

$= \pi r\ (l + r)$

घनफल $= \frac{1}{3}\pi r^2 h$

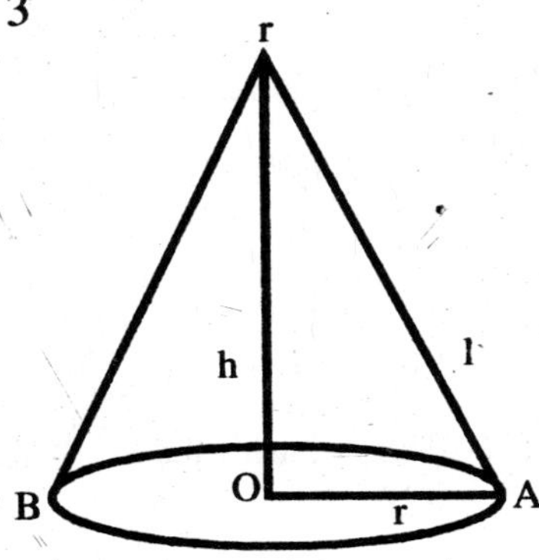

6. गोला (Sphere)

पृष्ठ क्षेत्रफल = $4\pi r^2$

घनफल = $\frac{4}{3}\pi r^3$

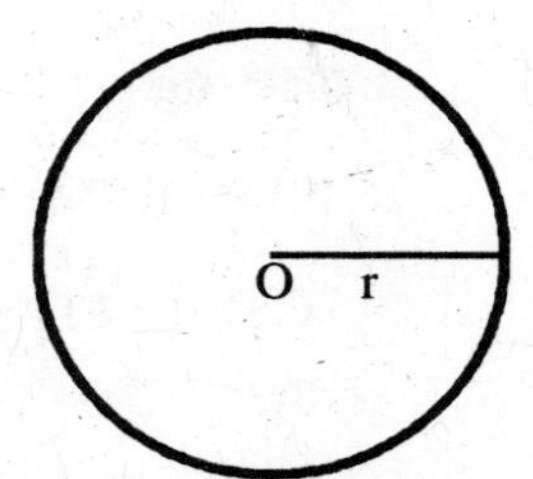

7. अर्ध गोला (Hemisphere) :

वक्र गोला क्षेत्रफल = $2\pi r^2$

कुल पृष्ठ क्षेत्रफल = $3\pi r^2$

घनफल = $\frac{2}{3}\pi r^3$

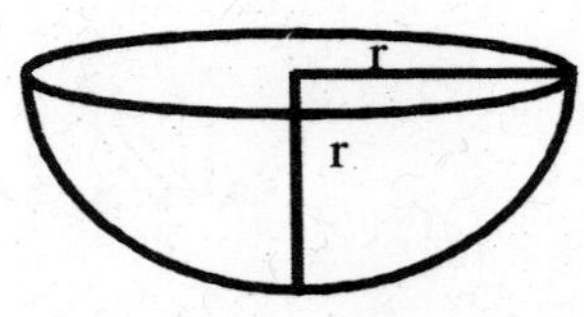

8. गोलाकार शेल (Spherical Shell)

वक्रपृष्ठ क्षेत्रफल = $4\pi (R^2 - r^2)$

घनफल $= \frac{4}{3}\pi (R^3 - r^3)$

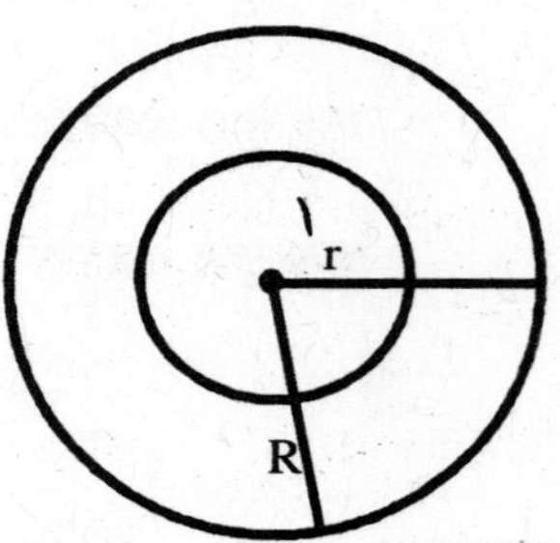

9. शंकु की अनुप्रस्थ काट (Frustrum)

आयतन = $\frac{1}{3}\pi (R^2 + Rr + r^2)h$

क्षेत्रफल $\pi (R^2 + r^2) s$

जहाँ $s = \sqrt{(R - r)^2 + h^2}$

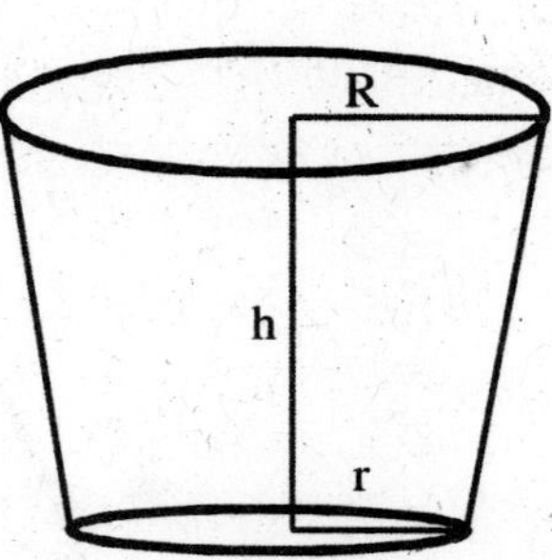

□

27

समुच्चय सिद्धांत

वस्तुओं का (या विचारों का भी) सुपरिभाषित समूह (Well-defined Collection) समुच्चय कहलाता है।

सुपरिभाषित समूह से अर्थ है कि हम निश्चित तौर पर तय कर सकें कि अमुक वस्तु समूह में है या नहीं।

कुछ ऐसे समूह भी हो सकते हैं, जो सुपरिभाषित नहीं हों। उदाहरणार्थ—

A = { प्रेमचंद की लिखी दिलचस्प पुस्तकें}

B = {दिल्ली से सर्वाधिक प्यार करनेवाले पिता}

C = {भारत के अमीर आदमी}

यहाँ A, B, C समुच्च्य नहीं है, क्योंकि 'दिलचस्प', 'प्यार' या 'अमीर' के लिए कोई नाप–तौल का पैमाना नहीं मिल सकता, जो कि समुच्चय के लिए आवश्यक है।

समुच्चय दर्शाने की विधियाँ

a. रोस्टर विधि (Roster Method) : समुच्चय के सभी अवयवों को मँझले ब्रैकेट में लिखना (यदि अवयव न लिखे जा सकें तो ऐसे लिखना कि आगे के सभी अवयव लाने का नियम दिखने लगे)।

A = {a, e, i , o , u}

B = {हाथी, घोड़ा, ऊँट}

C = {1, 2, 3, 4, ...500}

D = {-5, -10, -15, -20,........................}

b. गुणधर्म विधि (Set Builder Method) : उपर्युक्त (a) में समुच्चय निम्न प्रकार लिखे जा सकते हैं—

A = { x : x अंग्रेजी भाषा का एक स्वर है}

B = {x : x हाथी, घोड़ा, ऊँट में से कोई पशु है}

$C = \{x : x \in N, x \le 500\}$

$D = \{x : x = -5y, y \in N\}$

परिभाषाएँ

a. रिक्त समुच्चय (Null set) : ऐसा समुच्चय, जिसमें कोई अवयव न हो, 'रिक्त समुच्चय' (Void/Empty set) कहलाता है। इसे ϕ या { } से प्रदर्शित करते हैं।

A = { तीन सींग वा[illegible]नुष्य}

नोट : $\{\phi\}$ या {o} [illegible] समुच्चय नहीं है। और [{ }] भी रिक्त समुच्चय नहीं है।

b. परिमित समुच्चय (Finite set) : वह समुच्चय, जिसमें अवयवों की संख्या निश्चित हो।

जैसे A = {a, b, c, d, ...,z}

B = {2, 4, 8, 10..........,50}

c. अनंत समुच्चय (Infinite set) : वे समुच्चय, जिनके अवयवों को गिनना संभव न हो, अर्थात् जिनमें अनंत अवयव हों, 'अनंत समुच्चय' कहलाते हैं। जैसे N = {1, 2, 3, 4............} Q, R आदि।

d. समान समुच्चय (Equal set) : A और B दो समान समुच्चय कहलाते हैं। यदि A और B दोनों में प्रत्येक सदस्य (अवयव) समान हों।

याद रहे A = {a, b, c, d}

B = {d, b, c, b, a}

तो A = B

e. असंयुक्त समुच्चय (Disjoint sets) : यदि A, B कोई दो समुच्चय हों और उनमें कोई एक भी अवयव समान न हो तो वे 'असंयुक्त' (Disjoint Set) समुच्चय कहलाते हैं। अर्थात् $A \cap B = \phi$

माना A = {a, b, c, d, e}, B = {p, q, r, s}

$\therefore$ A, B असंयुक्त समुच्चय हैं।

f. उपसमुच्चय (Sub sets) : यदि A, B कोई दो ऐसे समुच्चय हैं कि A का प्रत्येक अवयव B का भी अवयव हो तो A को B का 'उपसमुच्चय' कहते हैं।

A और B में बराबर अवयव भी हों तो भी A को B का उपसमुच्चय कह सकते हैं तथा B भी A का उपसमुच्चय कहलाएगा। संकेत में

$A \subseteq B$ तथा $B \subseteq A \Leftrightarrow A = B$

यदि B में A से कम-से-कम एक अवयव अधिक हो तो A को B का 'उचित

उपसमुच्चय' (Proper Sub set) कहते हैं तथा $A \subset B$ लिखते हैं। यहाँ B, A का 'सुपर सेट' (Super set) कहलाता है।

उदाहरण के लिए, यदि $A = \{2, 4, 6\}$

$B = \{1, 2, 3, 4, 5, 6, 7\}$

तो $A \subset B$

परंतु यदि $C = \{6, 2, 4\}$

तो $A = C \Leftrightarrow A \subseteq C$ तथा $C \subseteq A$

A के उपसमुच्चयों की कुल संख्या = 2^n यदि A में n अवयव हों

g. सार्वभौम समुच्चय (Universal set) : यदि U एक ऐसा समुच्चय है कि प्रत्येक विचाराधीन समुच्चय उसका उपसमुच्चय है तो U को हम 'सार्वभौम समुच्चय' कहते हैं।

माना $A = \{x: x = 2y, y \in N\}$

$B = \{x: x = 2y + 1, y \in N\}$

तथा $U = \{x: x \in N\}$

तो $A \subset U$ तथा $B \subset U$

$\therefore$ इस स्थिति में U यूनिवर्सल समुच्चय है।

h. कार्डिनल संख्या (Cardinal Number) : एक समुच्चय के कुल अवयवों की संख्या उसकी 'कार्डीनल संख्या' कहलाती है।

जैसे यदि $A = \{1, 5, 3, 2, 5, 6\}$ तो $A = \{1, 2, 3, 5, 6\}$ तथा कार्डिनल नंबर $n(A) = 5$.

i. पूरक समुच्चय (Complimentary set) : माना U एक सार्वभौम समुच्चय है तथा A एक अन्य समुच्चय है तो A का पूरक A' या $\overline{A}$ या A^c, U के उन अवयवों का समुच्चय है जो A में न हो।

समुच्चयों पर क्रियाएँ

a. समुच्चयों का संघ (Union of sets) : यदि A और B दो समुच्चय हों तो उनका संघ $A \cup B$ के रूप में लिखा जाता है। जहाँ $A \cup B = \{x : x \in A$ या $x \in B\}$

याद रखें $x \in A$ या $x \in B$ का अर्थ है x या तो A में है या B में है या दोनों में है।

उदाहरण के लिए, माना—

$A = \{1,3,4,5,6,8\}$

$B = \{1,3,4,6,10,12\}$

तो $A \cup B = \{1,3,4,5,6,8,10,12\}$

b. समुच्चयों का सर्वनिष्ठ (Intersection of sets) : दो या अधिक समुच्चयों के उभयनिष्ठ (Common) अवयवों का समुच्चय उनका 'सर्वनिष्ठ' (Intersection) कहलाता है तथा $A \cap B$ लिखा जाता है।

यदि ऊपर का उदाहरण लें—

$A = \{1,3,4,5,6,8\}$, $B = \{1, 3, 4, 6, 10, 12\}$

तो A, B का उभयनिष्ठ समुच्चय

$A \cap B = \{1,3,4,6\}$

संघ व उभयनिष्ठ समुच्चयों के कुछ नियम

a. $A \cup B = B \cup A$

b. $A \cap B = B \cap A$

c. यदि $A \subseteq B, B \subseteq A \Leftrightarrow A = B$

d. $n(A \cup B) = n(A) + n(B) - n(A \cap B)$

e. $n(A \cup B \cup C) = n(A) + n(B) + n(c) - n(A \cap B) - n(B \cap C) - n(C \cap A) + n(A \cap B \cap C)$

वेन चित्र (Venn-Diagram)

सार्वभौम समुच्चय $\cup$ को एक आयत से तथा अन्य समुच्चयों को वृत्त से दिखाते हैं। यदि A, B दो असंयुक्त समुच्चय हों तो वेन चित्र निम्न प्रकार होगा—

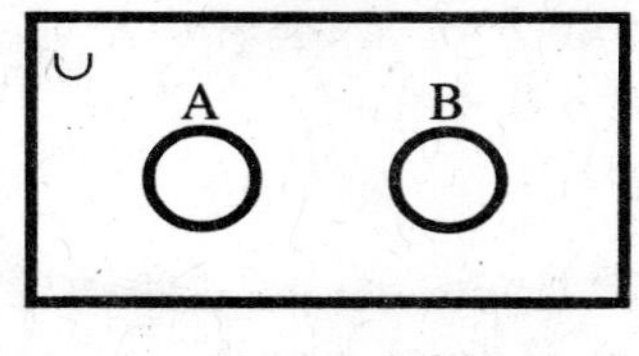

$A \cap B = \phi$

अन्यथा के लिए चित्र

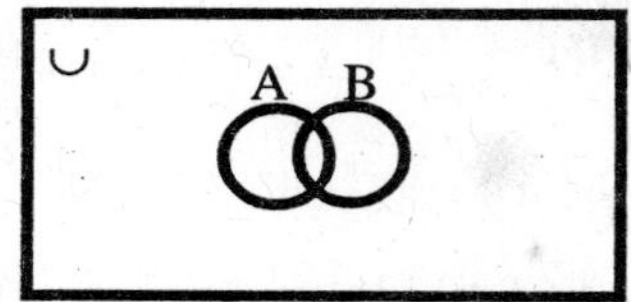

□

लघुगणक

1. लघुगणक (Logarithms) : यदि $a^x = m \Leftrightarrow \log_a{}^m = x$

यहाँ a = आधार

प्राय: a का मान 10 या e लिया जाता है।

e = 2.71828

2. लघु गणक के नियम :

a. $\log_a mn = \log_a m + \log_a n$

b. $\log_a\left(\frac{m}{n}\right) = \log_a m - \log_a n$

c. $\log_a m^n = n\log_a m$

d. $\log_b m = \frac{\log_a m}{\log_a b}$

$= \log_a m \times \log_b a$

क्योंकि $\log_a b = \frac{1}{\log_b a}$

3. किसी संख्या को स्टैंडर्ड रूप में लिखना :

यदि किसी संख्या 32 को हम 3.2×10^1 तथा 0.001234 को 1.234×10^{-3} के रूप में लिखें तो यह स्टैंडर्ड रूप कहलाता है।

और उदाहरण

$21.72 = 2.172 \times 10^1$

$0.000005 = 5.0 \times 10^{-6}$